Religión católica

PROYECTO SILOÉ

3 secundaria

Andalucía

Las aguas mansas de Siloé –un aljibe excavado en el siglo VIII a. C. en Jerusalén para recibir el caudal de la fuente de Guijón, que se encontraba fuera de sus murallas– son comparadas por el profeta Isaías con el ímpetu de las del río Éufrates, simbolizando así el contraste entre la dulzura de la protección divina y el despótico poder del rey asirio. Un estanque este de Siloé –cuyo nombre significa el «enviado»– donde se producirá la curación de un ciego de nacimiento al que Jesús, Enviado del Padre y Luz del mundo, mandó allí a lavarse (*cf.* Jn 9,1-12).

Con **es.smSiloe.com** puedes disfrutar de recursos digitales y de un entorno donde estarás en contacto con tu profesor y con tus compañeros de clase.

Entrar en **es.smSiloe.com** es fácil

Escribe en internet la siguiente dirección:
es.smSiloe.com

Regístrate e introduce el **número de licencia** que aparece en la página de la izquierda. Solo debes registrarte una vez.

Anota tu identificador y contraseña para que puedas entrar después de haberte registrado.

sm | PPC

CONOCE TU LIBRO

ENTRADA UNIDAD

Test

Todas las unidades proponen un test para que el alumno se posicione personalmente.

Canal de YouTube

Un *youtuber* introduce los contenidos de la unidad.

PARA EMPEZAR

Actividad *cooperativa* que promueve el diálogo.

APRENDERÁS

Anticipa los contenidos que se trabajan en la unidad.

CLAVES PEDAGÓGICAS

- Puerta de entrada a los contenidos.
- Suscita el interés de los alumnos.
- Promueve el diálogo.
- Plantea interrogantes vitales.
- Detecta conocimientos previos.

DESARROLLO DE CONTENIDOS

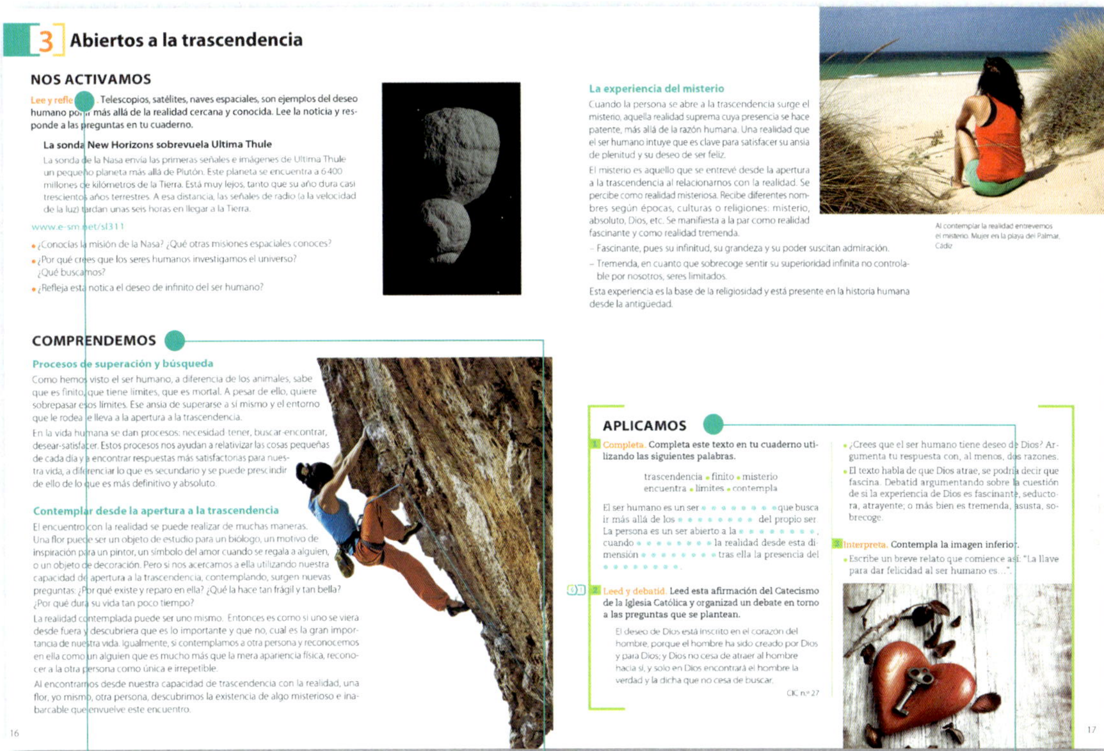

3 Abiertos a la trascendencia

NOS ACTIVAMOS

Lee y refle . Telescopios, satélites, naves espaciales, son ejemplos del deseo humano por ir más allá de la realidad cercana y conocida. Lee la noticia y responde a las preguntas en tu cuaderno.

La sonda New Horizons sobrevuela Ultima Thule

La sonda de la Nasa envía las primeras señales e imágenes de Ultima Thule un pequeño planeta más allá de Plutón. Este planeta se encuentra a 6400 millones de kilómetros de la Tierra. Está muy lejos, tanto que su año dura casi trescientos años terrestres. A esa distancia, las señales de radio (a la velocidad de la luz) tardan unas seis horas en llegar a la Tierra.

www.e-sm.net/sl311

- ¿Conocías la misión de la Nasa? ¿Qué otras misiones espaciales conoces?
- ¿Por qué crees que los seres humanos investigamos el universo? ¿Qué buscamos?
- ¿Refleja esta notica el deseo de infinito del ser humano?

COMPRENDEMOS

Procesos de superación y búsqueda

Como hemos visto el ser humano, a diferencia de los animales, sabe que es finito, que tiene límites, que es mortal. A pesar de ello, quiere sobrepasar esos límites. Ese ansia de superarse a sí mismo y el entorno que le rodea le lleva a la apertura a la trascendencia.

En la vida humana se dan procesos: necesidad-tener, buscar-encontrar, desear-satisfacer. Estos procesos nos ayudan a relativizar las cosas pequeñas de cada día y a encontrar respuestas más satisfactorias para nuestra vida, a diferenciar lo que es secundario y se puede prescindir de ello de lo que es más definitivo y absoluto.

Contemplar desde la apertura a la trascendencia

El encuentro con la realidad se puede realizar de muchas maneras. Una flor puede ser un objeto de estudio para un biólogo, un motivo de inspiración para un pintor, un símbolo del amor cuando se regala a alguien, o un objeto de decoración. Pero si nos acercamos a ella utilizando nuestra capacidad de apertura a la trascendencia, contemplando, surgen nuevas preguntas: ¿Por qué existe y reparo en ella? ¿Qué la hace tan frágil y tan bella? ¿Por qué dura su vida tan poco tiempo?

La realidad contemplada puede ser uno mismo. Entonces es como si uno se viera desde fuera y descubriera que es lo importante y que no, cual es la gran importancia de nuestra vida. Igualmente, si contemplamos a otra persona y reconocemos en ella como un alguien que es mucho más que la mera apariencia física, reconocer a la otra persona como única e irrepetible.

Al encontramos desde nuestra capacidad de trascendencia con la realidad, una flor, yo mismo, otra persona, descubrimos la existencia de algo misterioso e inabarcable que envuelve este encuentro.

16

La experiencia del misterio

Cuando la persona se abre a la trascendencia surge el misterio, aquella realidad suprema cuya presencia se hace patente, más allá de la razón humana. Una realidad que el ser humano intuye que es clave para satisfacer su ansia de plenitud y su deseo de ser feliz.

El misterio es aquello que se entrevé desde la apertura a la trascendencia al relacionarnos con la realidad. Se percibe como realidad misteriosa. Recibe diferentes nombres según épocas, culturas o religiones: misterio, absoluto, Dios, etc. Se manifiesta a la par como realidad fascinante y como realidad tremenda.

- Fascinante, pues su infinitud, su grandeza y su poder suscitan admiración.
- Tremenda, en cuanto que sobrecoge sentir su superioridad infinita no controlable por nosotros, seres limitados.

Esta experiencia es la base de la religiosidad y está presente en la historia humana desde la antigüedad.

Al contemplar la realidad entrevemos el misterio. Mujer en la playa del Palmar, Cádiz

APLICAMOS

1 Completa. Completa este texto en tu cuaderno utilizando las siguientes palabras.

trascendencia • finito • misterio
encuentra • límites • contempla

El ser humano es un ser ● ● ● ● ● ● ● ● que busca ir más allá de los ● ● ● ● ● ● ● ● del propio ser. La persona es un ser abierto a la ● ● ● ● ● ● ● ●, cuando ● ● ● ● ● ● ● ● la realidad desde esta dimensión ● ● ● ● ● ● ● ● tras ella la presencia del ● ● ● ● ● ● ● ●.

2 Leed y debatid. Leed esta afirmación del Catecismo de la Iglesia Católica y organizad un debate en torno a las preguntas que se plantean.

El deseo de Dios está inscrito en el corazón del hombre, porque el hombre ha sido creado por Dios y para Dios; y Dios no cesa de atraer al hombre hacia sí, y solo en Dios encontrará el hombre la verdad y la dicha que no cesa de buscar.

CIC n.º 27

- ¿Crees que el ser humano tiene deseo de Dios? Argumenta tu respuesta con, al menos, dos razones.
- El texto habla de que Dios atrae, se podría decir que fascina. Debatid argumentando sobre la cuestión de si la experiencia de Dios es fascinante, seductora, atrayente; o más bien es tremenda, asusta, sobrecoge.

3 Interpreta. Contempla la imagen inferior.

- Escribe un breve relato que comience así: "La llave para dar felicidad al ser humano es…".

17

NOS ACTIVAMOS

Actividad de motivación que conecta los intereses del alumno con los contenidos que se van a estudiar.

COMPRENDEMOS

Exposición clara y adaptada de los contenidos curriculares.

APLICAMOS

Evaluación de contenidos basada en un *enfoque competencial*.

CLAVES PEDAGÓGICAS

- Contenidos adaptados al nivel de los alumnos.
- Exposición clara y metodológicamente coherente:
  - NOS ACTIVAMOS
  - COMPRENDEMOS
  - APLICAMOS
- Contenidos ajustados para una sesión de aula de 45 minutos.

CONOCE TU LIBRO

APLICAMOS MÁS

CLAVES PEDAGÓGICAS

- Abordaje competencial de los contenidos aprendidos.
- Aplicación práctica de los contenidos.
- Promueve síntesis personales.
- Fomenta el pensamiento crítico.
- Valora la aportación de la religión en debates actuales.

RESUMIMOS

CLAVES PEDAGÓGICAS

- Síntesis de los contenidos esenciales.
- Referencias al magisterio eclesial que refuerzan y actualizan el aprendizaje.

EN LA CULTURA

EN LA CULTURA

El ser humano posee una dimensión espiritual y religiosa por naturaleza. Muchos artistas han representado el sentido trascendente del ser humano y el deseo de Dios. ¿Recuerdas alguna obra de arte en la que se vea reflejada la dimensión espiritual y religiosa del ser humano? ¿Cuál? ¿Cómo se reflejaba?

- Dialogar en clase sobre la obra propuesta y su manera de presentar el carácter trascendente y religioso del ser humano.

Del arte a Dios

APLICAMOS

CLAVES PEDAGÓGICAS

- Reflejo en la cultura (pintura, arquitectura, cine, literatura, etc.) del tema de estudio.
- Fomento de la dimensión contemplativa.
- Sugerencias de actividades artísticas.

EN LA BIBLIA

EN LA BIBLIA

Los salmos

Los salmos son una colección de 150 poesías oracionales, creadas por el pueblo de Israel a lo largo de su historia. Los salmos son poesía anónima, atribuida a David, a Salomón, a los hijos de Asaf…, que más que autores son emblemas de colecciones. Para entender un salmo hay que leerlo como poesía y como oración, y tratar de captar a la vez la belleza poética y la inspiración para orar.

1 Al director

Muchos salmos tienen al comienzo algunas indicaciones que no pertenecen propiamente al texto del salmo. Esas indicaciones se introdujeron en el siglo I, y se refieren a melodías, géneros literarios de los salmos, posibles colecciones, anotaciones litúrgicas o incluso, a veces, circunstancias históricas en las que se creía que se había compuesto el salmo.

2 Tu nombre

SALMO 8

Dignidad del ser humano

3 Obra de tus dedos

4 ¿Qué es el hombre…?

5 Peces del mar

APLICAMOS

CLAVES PEDAGÓGICAS

- Lectura de textos bíblicos esenciales.
- Referencias al contexto cultural de los alumnos.
- Curiosidades que despiertan el interés por acercarse a la Biblia.

ÍNDICE

APRENDIZAJE COOPERATIVO

- G: Lo haces todo en grupo.
- G I: Empiezas en grupo.
- I G: Empiezas tú solo.
- Dialogamos entre todos.

SIGLAS

AA Concilio Vaticano II, *Apostolicam actuositatem*. 18 de noviembre de 1965.
AG Concilio Vaticano II, *Ad gentes*. 7 de diciembre de 1965.
CA Juan Pablo II, *Centesimus annus*. 1 de mayo de 1991.
CHL Juan Pablo II, *Christifideles laici*. 30 de diciembre de 1988.
CIC Catecismo de la Iglesia Católica.
CDS Compendio de Doctrina Social de la Iglesia.
CV Benedicto XVI, *Caritas in veritate*. 29 de junio de 2009.
DCE Benedicto XVI, *Deus caritas est*. 25 de diciembre de 2005.
DH Concilio Vaticano II, *Dignitatis humanae*. 7 de diciembre de 1965.

DR Pío XI, *Divini redemptoris*. 19 de marzo de 1937.
EG Francisco, *Evangelii gaudium*. 24 de noviembre de 2013.
EN Pablo VI, *Evangelii nuntiandi*. 8 de diciembre de 1975.
EV Juan Pablo II, *Evangelium vitae*. 25 de marzo de 1995.
FC Juan Pablo II, *Familiaris consortio*. 22 de noviembre de 1981.
GS Concilio Vaticano II, *Gaudium et spes*. 7 de diciembre de 1965.
LE Juan Pablo II, *Laborem exercens*. 14 de septiembre de 1981.
LG Concilio Vaticano II, *Lumen gentium*. 21 de noviembre de 1964.
LS Francisco, *Laudato si´*. 24 de mayo de 2015.
MM Juan XXIII, *Mater et magistra*. 15 de mayo de 1961.
NA Concilio Vaticano II, *Nostra aetate*. 28 de octubre de 1965.
OA Pablo VI, *Octogesima adveniens*. 14 de mayo de 1971.
OT Concilio Vaticano II, *Optatam totius*. 20 de octubre de 1965.
PIB Producto Interior Bruto.
PP Pablo VI, *Populorum progressio*. 26 de marzo de 1967.
PT Juan XXIII, *Pacem in terris*. 11 de abril de 1963.
QA Pío XI, *Quadragesimo anno*. 15 de mayo de 1931.
RH Juan Pablo II, *Redemptor hominis*. 4 de marzo de 1979.
RN León XIII, *Rerum novarum*. 15 de mayo de 1891.
SRS Juan Pablo II, *Sollicitudo rei socialis*. 30 de diciembre de 1987.

BLOQUE 1

El sentido religioso del ser humano

1 Buscamos la felicidad

YouTube

No he encontrado a nadie que no quiera ser feliz, pero casi ninguno sabe explicarme qué es eso de la felicidad.

¿Podemos ser felices?

Clasifica estas afirmaciones, ¿con cuáles estás más de acuerdo?

- ☐ Es muy difícil ser siempre feliz, porque con frecuencia ocurren cosas que nos hacen sufrir y nos quitan la felicidad. La felicidad plena no existe, solo momentos de felicidad como consecuencia de algo bueno que nos pasa.
- ☐ La felicidad no es una sola cosa. Se puede alcanzar la felicidad si uno se conoce bien a sí mismo, sabe lo que quiere y cómo lograrlo. Si tienes claro qué es ser feliz, buscarás el cómo.
- ☐ La felicidad está en las experiencias enriquecedoras que se viven al intentar alcanzar la felicidad, en ser capaces de valorar las pequeñas cosas que ocurren cada día, y en tener claro cuáles son las cosas importantes de la vida.
- ☐ Ser feliz no depende de lo que te pase, sino de cómo vivas los hechos que te ocurren. En circunstancias difíciles también se puede ser feliz. La felicidad permanente no existe, pero sí el camino que te lleva a alcanzar la felicidad.

La vida del ser humano es una búsqueda de la felicidad, todos aspiramos a alcanzarla. Cuando uno descubre qué es la felicidad, tiene que averiguar cómo lograrla. La religión propone caminos para llegar a este fin último de la persona.

El enigma de las manos

En la Patagonia argentina se encuentra la Cueva de las Manos, considerada por la Unesco como un conjunto pictórico único en el mundo por la belleza y la antigüedad de sus pinturas. Aparecen escenas de caza, negativos de mano, motivos de animales y figuras abstractas. Fueron descubiertas en 1876. Se estima que tienen más de 9300 años. De las 829 manos pintadas, la mayoría fueron trazadas en negativo.

La "espiritualidad" de los elefantes

Las pinturas rupestres de carácter simbólico, el comportamiento ético, el lamento por la finitud de la vida y la celebración de rituales funerarios son expresiones de la dimensión espiritual presente en todas las épocas y culturas. Así, por ejemplo, se sabe que el *Homo neanderthalensis* creó pinturas rupestres y desarrolló ritos funerarios.
También se han observado ritos funerarios en algunos animales. Los elefantes se reúnen en torno al cadáver y emiten barritos de duelo. Al cabo de unas horas se alejan todos menos los familiares más cercanos.

PARA EMPEZAR...

El ser humano siempre se ha formulado preguntas existenciales y ha manifestado su deseo de ser feliz. Observa las imágenes y textos que aparecen en estas páginas.

1 Escribe preguntas que crees que se plantearían los seres humanos que hicieron esas representaciones.

2 ¿Cuáles crees que son las principales preocupaciones del ser humano? Nombra tres.

3 ¿Qué piensas cuando conoces que hace miles de años los seres humanos se preocupaban y preguntaban por las cosas que ahora también nos inquietan?

APRENDERÁS...

- A reconocer el deseo de plenitud que tiene la persona.
- A comparar razonadamente distintas respuestas frente a la finitud del ser humano.
- A valorar la apertura a la trascendencia como soporte de la experiencia religiosa y del encuentro con la divinidad.

1 Admiramos las estrellas

NOS ACTIVAMOS

Lee y reflexiona. Desde la antigüedad, los seres humanos han mirado al cielo buscando respuestas. Lee el texto y responde en tu cuaderno.

Lo anuncian las estrellas

En la antigüedad algunos creían que asteroides y eclipses presagiaban el nacimiento o la muerte de una gran figura histórica o anunciaban hambrunas y epidemias. Esa creencia la mantuvieron caldeos, babilonios, griegos, egipcios o chinos. En las fuentes clásicas y en las leyendas de sus respectivas culturas, por ejemplo, siempre se narra que se alcanzó a ver algún meteorito o estrella que iluminó la oscuridad y señaló el lugar del nacimiento de un personaje importante en su tradición.

- Busca información sobre grandes personajes de la historia cuyo nacimiento haya estado marcado por la aparición de una estrella.
- ¿En la actualidad se sigue recurriendo a las estrellas para conocer el futuro? ¿Cómo se llama este fenómeno? ¿Qué finalidad tiene?
- ¿Por qué crees que el ser humano mira a las estrellas buscando respuestas?

COMPRENDEMOS

El ser humano, un animal que admira las estrellas

Desde la antigüedad, el ser humano ha experimentado asombro y admiración frente a la contemplación del cielo, de las estrellas, de la naturaleza y del misterio que hay dentro de cada una de las personas. La admiración que el ser humano experimenta provoca que se haga preguntas y despierta el deseo de conocer, pues se hace consciente de su ignorancia. Por ejemplo, desconocemos con exactitud el origen del universo y por ello nos preguntamos por él.

El ser humano tiene capacidades que lo configuran como un ser excelente y diferente del resto de los seres vivos. Capacidades propias del ser humano son:

- ***El lenguaje.*** La capacidad de expresar lo que piensa, así como la de ser reflexivo y comunicarse con otros.
- ***La libertad.*** La capacidad de tomar decisiones según criterios propios superando la reacción inmediata de los instintos.
- ***La compasión.*** La capacidad de empatizar con la vivencia de otros y obrar en consecuencia para aliviar su sufrimiento o dolor.

¿Qué queda en ti de mono?

Comprobamos que el chimpancé y el hombre se distinguen en la manera de responder a las necesidades naturales. El mono permanece prisionero de su bestialidad, mientras que el hombre puede deshacerse de ella, parcialmente, totalmente o bien diferirla, resistirse, superarla dándole una forma específica. De ahí la cultura. Frente a las necesidades, a los instintos, a las pulsiones que dominan al animal totalmente y lo determinan, el hombre puede elegir ejercer su voluntad, su libertad, su poder de decisión.

Michel Onfray, *Antimanual de filosofía*

Cinco curiosidades sobre las estrellas

- Dependiendo del sitio donde se vive, se ven unas u otras estrellas.
- Sirio es la más brillante de todas las estrellas, es blanca azulada, y está a una distancia de ocho millones y medio de kilómetros.
- Aunque las veamos juntas, en realidad están a muchísima distancia unas de otras.
- La estrella polar es la más brillante al norte geográfico, y la más conocida de todas. Va cambiando de posición debido al movimiento de rotación.
- Las estrellas que vemos más brillantes no tienen por qué ser las que más brillan. El brillo depende de la intensidad de la estrella y de la distancia a la que se encuentra. Las que más brillan son Sirio, Canopus y Arturo.

El ser humano, un ser finito que se hace preguntas

La vida del ser humano está limitada en el tiempo, transcurre entre el nacimiento y la muerte: somos seres finitos. Además de nuestro límite temporal, somos también conscientes de nuestras limitaciones físicas: no podemos librarnos de las enfermedades, no podemos nadar como los peces o volar como los pájaros. Estas limitaciones nos hacen sentirnos frágiles e indefensos.

A pesar de ser finitos, todo ser humano tiene deseos de superar sus límites y comprender las razones últimas de su existencia: ¿por qué he nacido?, ¿quién soy yo?, ¿qué hay más allá de mi muerte?, ¿por qué deseo volar, o navegar bajo el agua?

La apertura a la trascendencia o dimensión espiritual

Consciente de sus límites temporales y de su realidad, el ser humano tiene una gran capacidad de admiración que lo impulsa siempre hacia nuevas metas y preguntas.

La apertura a la trascendencia es la capacidad que tiene el individuo de ir más allá de la realidad inmediata que percibe con los sentidos, y de hacerse preguntas. Cuando la persona se abre a la trascendencia, se da cuenta de que hay muchas realidades que señalan a otras infinitas. Se hace posible la pregunta por algo más grande, más definitivo.

La apertura a la trascendencia está estrechamente relacionada con las experiencias espiritual y religiosa, que nos conectan con las preguntas por la vida después de la muerte, por el sentido de nuestra vida o por cómo ser felices.

Somos polvo de estrellas

La posibilidad de estar conformados por "polvo de estrellas" es una de las ideas más científicamente poéticas que se han cultivado. A través de los siglos, más de una voz advirtió esta constitución sideral en el ser humano. Dice un proverbio serbio: "Sé humilde pues estás hecho de tierra. Sé noble pues estás hecho de estrellas". El divulgador científico Carl Sagan advirtió: "El cosmos está también dentro de nosotros. Estamos hechos de la misma sustancia que las estrellas". Se ha comprobado científicamente que el 97 % de la masa del cuerpo humano está conformada por materia procedente de las estrellas. De tal manera que podemos afirmar que: "Somos polvo de estrellas que piensa acerca de las estrellas".

www.e-sm.net/sl311

APLICAMOS

1 **Asocia.** Lee estas definiciones y relaciona cada una en tu cuaderno con el concepto al que se refieren.

- Capacidad del ser humano de situarse más allá de los límites de la realidad que se percibe.
- La capacidad de tomar decisiones según criterios propios superando la reacción inmediata de los instintos.
- La capacidad de empatizar con la vivencia de otros y obrar en consecuencia para aliviar su dolor.
- Conjunto de limitaciones que tienen los seres humanos.

libertad | compasión | apertura a la trascendencia | finitud

2 **Ordena las ideas.** Pon estos elementos en el orden lógico según los vive el ser humano.

Experimentar la apertura a la trascendencia | Conocer | Volar | Admirarse | Desear superar límites | Pregunta por la felicidad | Ser consciente de la finitud humana | Hacerse preguntas | Mirar las estrellas

3 **Imagina.** Lee la información titulada *Somos polvo de estrellas*. Piensa que tienes que compartir esta información con niños de 6.º de Primaria. Intenta comunicárselo con un tuit. Lo máximo son 280 caracteres.

2 ¿Qué es la felicidad?

NOS ACTIVAMOS

Reflexiona y pon en común. Publicidad, páginas web, libros, conferencias…, la cuestión de la felicidad está continuamente presente a lo largo de la vida.

> **Seiscientos setenta y cinco millones de maneras para ser feliz**
>
> Si escribimos en Google la expresión "ser feliz", obtenemos 675 000 000 entradas. Es la gran preocupación del ser humano. La filosofía, la ética, la psicología y la medicina, entre otras ciencias, han estudiado qué hace feliz al ser humano.

- Escribe un decálogo de lo que es para ti la felicidad.
- Compartid los decálogos y seleccionad cinco elementos que os parezcan esenciales para ser felices.

COMPRENDEMOS

El ser humano desea la felicidad

Aristóteles, uno de los pensadores de la antigua Grecia, decía que "toda persona aspira a la felicidad", todos anhelan encontrar eso que llamamos felicidad. La gran dificultad está en definir qué es la felicidad y cómo alcanzarla. Pero para esto no hay respuestas únicas. Si bien hay unas características en la felicidad aceptadas por todo el mundo.

- ***Es logro y tarea.*** La felicidad es consecuencia del esfuerzo personal y algo que se recibe. Por un lado, es el resultado del esfuerzo y de la voluntad personal por conseguir objetivos; otras veces, la felicidad llega con independencia de los esfuerzos que realizamos, es decir, aparece como un regalo.
- ***Afecta a la totalidad de la vida.*** Un día feliz no hace que podamos llamar feliz a una persona. La felicidad no está ligada a un solo momento de nuestra existencia. Entonces, ¿se puede ser feliz siempre? Si entendemos la felicidad como un estado emocional de satisfacción y alegría, la felicidad no es duradera. Sin embargo, si la felicidad la entendemos como saber para qué vivir, es decir, como un proyecto de vida fructífera y plena, podremos disfrutar de ella de manera estable, aunque tengamos circunstancias difíciles.

Muchas "felicidades"

La gran dificultad para entender qué es la felicidad está en que esta se interpreta de maneras muy diferentes. Se podría decir que hay muchas "felicidades", porque hay casi tantas definiciones de felicidad como personas.

- Para el padre de la filosofía, el griego Sócrates, el secreto de la felicidad no se encuentra en la búsqueda de tener más cosas, sino en el desarrollo de la capacidad para disfrutar con menos. Si se reducen las necesidades, el ser humano puede aprender a valorar más las cosas sencillas.
- Para los filósofos llamados hedonistas, la felicidad está en buscar el placer y evitar el dolor. Epicuro, representante de esta corriente de pensamiento, lo expresaba diciendo: "Busca el placer que no venga seguido de ningún dolor".
- Para Immanuel Kant, filósofo alemán del siglo XVIII, la felicidad "más que un deseo, alegría o elección, es un deber". La felicidad es el deber último y supremo que nos obliga a ser dignos de merecerla.

La felicidad subjetiva y la felicidad objetiva

Según el filósofo José Antonio Marina, existen dos tipos de felicidad: la subjetiva y la objetiva. La primera es un estado emocional agradable, intenso, que desearíamos que durara siempre, y en el que no echamos nada en falta de manera imperiosa. La felicidad objetiva es una situación en que nos gustaría vivir siempre, porque protege y facilita nuestras expectativas privadas de felicidad. La felicidad subjetiva puede concebirse de muchas maneras: unos la pondrán en el triunfo, otros en el amor, otros en la aventura. La felicidad objetiva es la felicidad política, es decir, aquella en la que el Estado garantiza las condiciones para que yo sea feliz. La felicidad subjetiva tiene en cuenta mi interpretación de las cosas; la felicidad objetiva se basa en eliminar las dificultades para alcanzar la felicidad.

- En el mismo sentido se encuentra el pensamiento utilitarista, que se dio en el siglo XIX. Los utilitaristas consideraban la felicidad como la búsqueda del placer y la huida del dolor.
- Para José Ortega y Gasset, filósofo español del siglo XX, la felicidad consiste en encontrar algo que nos satisfaga completamente; o, lo que es lo mismo, es poder dedicar la vida a aquello para lo que cada ser humano tiene una especial vocación.

Las religiones y la felicidad

También las religiones han hecho su aportación a la idea de felicidad. Así, por ejemplo, para el budismo, la felicidad es algo que cada uno alcanza en su interior, superando su ego y eliminando de su vida las palabras *quiero* y *deseo*, puesto que al no conseguir lo que se quiere o se desea, se genera infelicidad en el ser humano.

Para el hinduismo, la felicidad es un estado permanente de iluminación interior, que se alcanza por la unión del alma humana con la divinidad.

Para el cristianismo la felicidad se encuentra en vivir siguiendo a Jesús en la comunidad de la Iglesia, construyendo el reino de Dios desde el horizonte de las bienaventuranzas.

La industria de la felicidad

En 1980 se publicaban 130 artículos científicos al año sobre la felicidad; ahora, más de 12 000. Hoy día, la idea de felicidad se ha convertido en una obsesión que lo inunda todo: publicidad de todo tipo, objetos de regalo que muestran frases donde la felicidad se convierte en objeto de consumo, libros de autoayuda, cursos para aprender a ser felices, etc.

APLICAMOS

1 **Relaciona.** Lee la viñeta de *Mafalda*, del dibujante Quino, y responde en tu cuaderno.

- ¿Cómo interpretas la viñeta?
- Relaciónala con lo que has leído en este apartado. ¿Existe la llave de la felicidad? ¿Hay un modelo para ser feliz?
- Después de haber leído sobre el deseo del ser humano de ser feliz, y tras haber pensado sobre ello, escribe cinco ideas clave que consideres que definan la felicidad y cómo conseguirla.

2 **Repasa conceptos.** Resume con tus palabras la idea de felicidad de los siguientes filósofos y corrientes de pensamiento.

Sócrates | Epicuro | Kant | Ortega y Gasset | Hedonismo | Utilitarismo

3 Abiertos a la trascendencia

NOS ACTIVAMOS

Lee y reflexiona. Telescopios, satélites y naves espaciales son ejemplos del deseo humano por ir más allá de la realidad cercana y conocida. Lee la noticia y responde a las preguntas en tu cuaderno.

La sonda *New Horizons* sobrevuela Ultima Thule

La sonda de la NASA envía las primeras señales e imágenes de Ultima Thule, un pequeño planeta más allá de Plutón. Este planeta se encuentra a 6400 millones de kilómetros de la Tierra. Está muy lejos, tanto que su año dura casi trescientos años terrestres. A esa distancia, las señales de radio tardan unas seis horas en llegar a la Tierra.

www.e-sm.net/sl311

- ¿Conocías la misión de la NASA? ¿Qué otras misiones espaciales conoces?
- ¿Por qué crees que los seres humanos investigamos el universo? ¿Qué buscamos?
- ¿Refleja esta notica el deseo de infinito del ser humano?

COMPRENDEMOS

Procesos de superación y búsqueda

Como hemos visto, el ser humano, a diferencia de los animales, sabe que es finito, que tiene límites, que es mortal. A pesar de ello, quiere sobrepasar esos límites. Ese ansia de superarse a sí mismo y al entorno que lo rodea lo lleva a la apertura a la trascendencia.

En la vida humana se dan procesos: necesidad-tener, buscar-encontrar, desear-satisfacer. Estos procesos nos ayudan a relativizar las cosas pequeñas de cada día y a encontrar respuestas más satisfactorias para nuestra vida, a diferenciar lo que es secundario (y, por tanto, de lo que se puede prescindir) de lo que es más definitivo y absoluto.

Contemplar desde la apertura a la trascendencia

El encuentro con la realidad se puede realizar de muchas maneras. Una flor puede ser un objeto de estudio para un biólogo, un motivo de inspiración para un pintor, un símbolo del amor cuando se regala a alguien, o un objeto de decoración. Pero si nos acercamos a ella utilizando nuestra capacidad de apertura a la trascendencia, contemplando, surgen nuevas preguntas: ¿por qué existe y reparo en ella? ¿Qué la hace tan frágil y bella? ¿Por qué dura su vida tan poco tiempo?

La realidad contemplada puede ser uno mismo. Entonces es como si uno se viera desde fuera y descubriera qué es importante y qué no, cuál es la gran importancia de nuestra vida. Lo mismo sucede si contemplamos a otra persona y reconocemos en ella a alguien que es mucho más que la mera apariencia física, si reconocemos a la otra persona como única e irrepetible.

Al encontrarnos desde nuestra capacidad de trascendencia con la realidad (una flor, yo mismo, otra persona), descubrimos la existencia de algo misterioso e inabarcable que envuelve este encuentro.

Al contemplar la realidad entrevemos el misterio. Mujer en la playa del Palmar, Cádiz

La experiencia del misterio

Cuando la persona se abre a la trascendencia surge el misterio, aquella realidad suprema cuya presencia se hace patente, más allá de la razón humana. Una realidad que el ser humano intuye que es clave para satisfacer su ansia de plenitud y su deseo de ser feliz.

El misterio es aquello que se entrevé desde la apertura a la trascendencia al relacionarnos con la realidad. Se percibe como realidad misteriosa. Recibe diferentes nombres según épocas, culturas o religiones: misterio, absoluto, Dios, etc. Se manifiesta a la par como realidad fascinante y como realidad tremenda.

- Fascinante, pues su infinitud, su grandeza y su poder suscitan admiración.
- Tremenda, en cuanto que sobrecoge sentir su superioridad infinita no controlable por nosotros, seres limitados.

Esta experiencia es la base de la religiosidad y está presente en la historia humana desde la antigüedad.

APLICAMOS

1 Completa. **Completa este texto en tu cuaderno utilizando las siguientes palabras.**

trascendencia • finito • misterio
encuentra • límites • contempla

El ser humano es un ser ••••••• que busca ir más allá de los ••••••• del propio ser. La persona es un ser abierto a la •••••••, cuando ••••••• la realidad desde esta dimensión ••••••• tras ella la presencia del •••••••.

G I **2 Leed y debatid.** **Leed esta afirmación del Catecismo de la Iglesia Católica y organizad un debate en torno a las preguntas que se plantean.**

> El deseo de Dios está inscrito en el corazón del hombre, porque el hombre ha sido creado por Dios y para Dios; y Dios no cesa de atraer al hombre hacia sí, y solo en Dios encontrará el hombre la verdad y la dicha que no cesa de buscar.
>
> CIC n.º 27

- ¿Crees que el ser humano tiene deseo de Dios? Argumenta tu respuesta con, al menos, dos razones.
- El texto habla de que Dios atrae, se podría decir que fascina. Debatid argumentando sobre la cuestión de si la experiencia de Dios es fascinante, seductora, atrayente; o más bien es tremenda, asusta, sobrecoge.

3 Interpreta. **Contempla la imagen inferior.**

- Escribe un breve relato que comience así: "La llave para dar felicidad al ser humano es…".

1 Admiramos las estrellas

En algún momento de nuestra vida todos nos hemos maravillado ante la realidad que nos rodea. Esta experiencia nos abre hacia la trascendencia.

Todos estamos en el fango, pero algunos miramos a las estrellas

Maravillas es una novela gráfica (combina texto y dibujo) de Brian Selznick que narra, de manera magistral, la historia de dos jóvenes, Ben y Rose, cuyas vidas se entrecruzan de manera casual. En principio, la historia de Ben y la de Rose parecen dos tramas independientes: la de él está narrada enteramente con palabras; la de ella se cuenta mediante dibujos. Pero a medida que avanza el libro, las dos historias se entrelazan hasta fundirse y convertirse en una sola, en un relato acerca de la amistad, la vida, el universo… y otras maravillas.
Esta obra tiene una adaptación al cine, titulada *Wonderstruck. El Museo de las Maravillas*.
La frase que resume la intención de esta novela gráfica es: "Todos estamos en el fango, pero algunos miramos a las estrellas". Esta frase está sacada de la obra de teatro de Oscar Wilde *El abanico de Lady Windermere*.

www.e-sm.net/sl313

I G **1 Lee y responde** en tu cuaderno.

- Haz una lista de diez cosas que consideres maravillas de la vida y del mundo.
- ¿Qué crees que significa la frase de Oscar Wilde?
- Elaborad en grupo el catálogo del Museo de las Maravillas. Para ello:
  - Poned en común las respuestas a la primera pregunta y elegid diez.
  - Buscad imágenes que representen esas maravillas.
  - Escribid una breve explicación por cada una de las fotografías (dos o tres líneas, explicando qué es, qué significa y por qué la habéis elegido).
  - Cread el catálogo, puede ser en una cartulina con las fotografías y las explicaciones, o en formato digital con algún programa que permita editar imágenes y texto (Canva, Picollage, Phonto, etc.).
  - Haced una breve exposición oral de los catálogos en clase (cinco minutos por grupo).

2 ¿Qué es la felicidad?

Conocer el sentido de la vida está unido a la búsqueda de felicidad. Una persona cuya vida tiene sentido está más cerca de sentirse feliz.

Felicidad y sentido de la vida

Lo que sigue a la muerte es tan problemático… Nada me da tanto miedo como pensar en eso. ¿Será que yo he vivido para desaparecer enseguida sin dejar huella? ¿Para que la hierba crezca inútil sobre mi tumba? Es escalofriante. ¿Cómo llegar a saber la verdad?

Fiódor Dostoievsky, *Los hermanos Karamazov*

Los hermanos Karamazov

Escrita por Fiódor Dostoievsky y publicada en 1880, la novela narra las complejas relaciones de la familia Karamazov. Los personajes representan diferentes tipos de personas con sus pensamientos y creencias.
Es una magnífica obra literaria que habla de la fe, la razón, la moral, la duda, el buen juicio y Dios. Está considerada una de las mejores novelas de todos los tiempos. Era la obra favorita de Albert Einsten, que llegó a afirmar: "Aprendí más de Dostoievsky que de cualquier científico".

1 Lee y reflexiona.

- Escribe tres preguntas sobre el sentido de la vida.
- ¿Con qué temas de los tratados en esta unidad relacionas este texto?
- ¿Qué tiene que ver la felicidad con el sentido de la vida?

3 Abiertos a la trascendencia

El ser humano posee una capacidad de apertura a la trascendencia que se asocia con la dimensión religiosa. El cine ha llevado muchas veces esta búsqueda a la gran pantalla.

La vida de Pi

La película *La vida de Pi* está basada en la novela homónima del canadiense Yann Martel. Ganó 4 premios Oscar. Se trata de una interesante producción que narra la historia de Pi Patel, un joven indio que en su búsqueda espiritual transita por los caminos del hinduismo, el cristianismo y el islam, intentando encontrar respuestas a los anhelos profundos de su corazón.
Su familia decide trasladarse a Canadá en barco y, en una tormenta en el Pacífico, sufren un naufragio. Solo sobrevive Pi en un pequeño bote en compañía de *Richard Parker*, un tigre de bengala. Juntos viven una emocionante aventura hasta que alcanzan las costas de México.
La película muestra cómo el ser humano busca a Dios, y lo encuentra en la creación y en las cosas cotidianas de la vida.

www.e-sm.net/sl314

1 Lee y comparte.

- ¿Creéis que el ser humano busca una explicación a las experiencias que vive?
- ¿Todos los seres humanos buscan a Dios para comprender su propia vida? ¿Por qué?
- ¿Recuerdas alguna película en la que se vea reflejada la dimensión religiosa del ser humano? ¿Cuál? ¿Cómo se trataba este tema?
- Dialogad en clase sobre las películas nombradas y su manera de presentar la dimensión trascendente y religiosa.
- Debatid en clase sobre si consideráis que las religiones pueden ofrecer respuestas a los anhelos más profundos del ser humano.

2 Inventa. Escribe, a grandes rasgos, el argumento de una película. Debe tener las siguientes características.

– Debe reflejar la dimensión trascendente de las personas en situaciones en que se busca felicidad y plenitud.
– Ha de mostrar también la experiencia de encuentro con el misterio, con su carácter fascinante y tremendo.

Resumimos

es.smSiloe.com
RESUMO
Ruleta de palabras

1 Admiramos las estrellas

- El ser humano es un animal racional que siente admiración por el cosmos y por todo lo creado.
- Esa admiración le lleva a preguntarse sobre el sentido de la vida. En especial, se pregunta por la felicidad.
- Consciente de su finitud, el ser humano tiene deseos de infinitud que lo conducen a la apertura a la trascendencia. Se trata de la dimensión espiritual del ser humano, que lo empuja a abrirse al infinito.
- Esta apertura a la trascendencia abre el camino hacia el encuentro con Dios.

es.smSiloe.com
ME AUTOEVALÚO
¿Qué he aprendido?

El ser humano lleva en sí mismo una sed de infinito, una nostalgia de eternidad, una búsqueda de belleza, un deseo de amor, una necesidad de luz y de verdad, que lo impulsan hacia el Absoluto; el hombre lleva en sí mismo el deseo de Dios.

Papa Benedicto XVI
Audiencia general, 11-05-2011

2 ¿Qué es la felicidad?

- El fin último de todo ser humano es ser feliz. Lo difícil es saber qué es la felicidad y cómo alcanzarla.
- Tanto la filosofía como la religión han hecho diferentes propuestas acerca de la cuestión sobre la felicidad, demostrando que es imposible tener una respuesta común.
- Para el cristianismo, Jesús es el camino hacia la felicidad.

La verdadera dicha no reside ni en la riqueza o el bienestar, ni en la gloria humana o el poder, ni en ninguna obra humana, por útil que sea, como las ciencias, las técnicas y las artes, ni en ninguna criatura, sino solo en Dios, fuente de todo bien y de todo amor.

CIC, n.º 1723

3 Abiertos a la trascendencia

- El ser humano, en su deseo de infinitud, experimenta la apertura a la trascendencia, a ir más allá de los límites del ser.
- La apertura a la trascendencia tiene diferentes formas o manifestaciones, que van desde la apertura a la realidad hasta el encuentro con el misterio de Dios.
- En la apertura a la transcendencia el ser humano experimenta el deseo de Dios, deseo que revela la dimensión religiosa de la persona.

A la persona humana pertenece la apertura a la trascendencia: el hombre está abierto al infinito y a todos los seres creados. Está abierto sobre todo al infinito, es decir, a Dios, porque con su inteligencia y su voluntad se eleva por encima de todo lo creado y de sí mismo, se hace independiente de las criaturas, es libre frente a todas las cosas creadas y se dirige hacia la verdad y el bien absolutos. [...] La persona está abierta a la totalidad del ser, al horizonte ilimitado del ser. Tiene en sí la capacidad de trascender los objetos particulares que conoce, gracias a su apertura al ser sin fronteras.

CDSI, n.º 130

EN LA CULTURA

Muchos artistas han representado el sentido trascendente del ser humano y el deseo de Dios. ¿Recuerdas alguna obra de arte en la que se vea reflejada la dimensión espiritual y religiosa del ser humano? ¿Cuál? ¿Cómo se reflejaba?

- Dialogad en clase sobre la obra propuesta y su manera de presentar el carácter trascendente y religioso del ser humano.

La Sagrada Familia (interior)

Del arte a Dios

El papa Benedicto XVI, al consagrar el templo y el altar de la Sagrada Familia, dijo: "Templo en el que se refleja toda la grandeza del espíritu humano que se abre a Dios. [...] La Sagrada Familia, admirable suma de técnica, de arte y de fe [...] En este recinto, Gaudí quiso unir la inspiración que le llegaba de los tres grandes libros en los que se alimentaba como hombre, como creyente y como arquitecto: el libro de la naturaleza, el libro de la Sagrada Escritura y el libro de la liturgia. Así unió la realidad del mundo y la historia de la salvación [...] Introdujo piedras, árboles y vida humana dentro del templo, para que toda la creación convergiera en la alabanza divina, pero al mismo tiempo sacó los retablos afuera, para poner ante los hombres el misterio de Dios revelado en el nacimiento, pasión, muerte y resurrección de Jesucristo. [...] La belleza es la gran necesidad del hombre; es la raíz de la que brotan el tronco de nuestra paz y los frutos de nuestra esperanza. La belleza es también reveladora de Dios porque, como él, la obra bella es pura gratuidad, invita a la libertad y arranca el egoísmo".

Benedicto XVI, *Homilía de consagración del templo de la Sagrada Familia, 2010*

[APLICAMOS]

6 Investiga y crea. **El papa Benedicto XVI dice que Gaudí se inspiró en tres grandes libros para dar forma a La Sagrada Familia: el libro de la naturaleza, el de la Sagrada Escritura y el de la liturgia.**

– Con ayuda del profesor, elegid una realidad espiritual que pueda expresarse en los tres libros.

– Representadla de forma plástica (*collage*, pintura, powerpoint, etc.).

EN LA BIBLIA

Los salmos

Los salmos son una colección de 150 poesías oracionales, creadas por el pueblo de Israel a lo largo de su historia. Los salmos son poesía anónima, atribuida a David, a Salomón, a los hijos de Asaf…, que más que autores son emblemas de colecciones. Para entender un salmo hay que leerlo como poesía y como oración, y tratar de captar a la vez la belleza poética y la inspiración para orar.

1 Al director

Muchos salmos tienen al comienzo algunas indicaciones que no pertenecen propiamente al texto del salmo. Esas indicaciones se introdujeron en el siglo II d.C., y se refieren a melodías, géneros literarios de los salmos, posibles colecciones, anotaciones litúrgicas o incluso, a veces, circunstancias históricas en las que se creía que se había compuesto el salmo.

2 Tu nombre

En la Biblia, el nombre es el equivalente de la propia persona. Por eso, decir que el nombre de Dios es admirable significa admirarse del mismo Dios, que llena el mundo con su presencia. El creyente es aquel que sabe descubrir la presencia de Dios en el mundo, en medio de las realidades "normales".

Horton es una película que ayuda a ser conscientes de la maravillosa realidad que hay incluso en una mota de polvo.

www.e-sm.net/sl315

SALMO 8

¡Qué admirable es tu nombre!

1 *Al director. Según la oda de Gat.*
Salmo de David.
¡Señor, Dios nuestro,
2 *qué admirable es tu nombre en toda la tierra!*
Ensalzaste tu majestad sobre los cielos.
De la boca de los niños de pecho
has sacado una alabanza contra tus enemigos
para reprimir al adversario y al rebelde.
3 *Cuando contemplo el cielo, obra de tus dedos,*
la luna y las estrellas que has creado.
4 *¿Qué es el hombre para que te acuerdes de él,*
el ser humano, para mirar por él?
Lo hiciste poco inferior a los ángeles,
lo coronaste de gloria y dignidad;
le diste el mando sobre las obras de tus manos.
Todo lo sometiste bajo sus pies.
Rebaños de ovejas y toros,
y hasta las bestias del campo,
5 *las aves del cielo, los peces del mar*
que trazan sendas por el mar.
¡Señor, Dios nuestro,
qué admirable es tu nombre en toda la tierra!

El ser humano es consciente de su finitud, sabe que un día morirá y que en el transcurso de su vida se enfrentará con el sufrimiento. ¿Por qué hemos de morir y sufrir? La religión ofrece respuestas a estas grandes preguntas.

es.smSiloe.com
ME PREGUNTO
¿Cuánto sé?

Entierro celestial

El entierro celestial es una práctica tibetana que consiste en dejar restos de cadáveres en lugares altos para que se los coman aves carroñeras, bajo el principio budista de que el cuerpo es solo el caparazón del espíritu, y, por tanto, se reencarnará en otro cuerpo; por lo que debes ayudar a otros seres vivos alimentándolos con tu cuerpo.

Día de los Muertos

El 1 y 2 de noviembre se celebra en México el Día de los Muertos. En esos días, muchas familias se trasladan a los cementerios para "convivir" con sus familiares difuntos. Llevan fotos y recuerdos de los fallecidos, y comen los platos preferidos de los difuntos. La muerte se integra como un hecho natural, y hacer memoria de los seres queridos es una forma de mantenerlos vivos.

PARA EMPEZAR...

Frente al sufrimiento y la muerte se puede reaccionar de muchas maneras: rebelándose contra ello, asumiéndolo, riéndose, ignorándolo, etc.

1. Agrupad las imágenes de esta doble página en alguna de esas categorías.
2. Preparad cuatro cartulinas con los siguientes títulos.
   - Miedo a la muerte
   - Huir de la muerte
   - Reírse de la muerte
   - Ignorar la muerte
3. Buscad imágenes o creadlas vosotros mismos, para ir pegándolas en las cartulinas.

APRENDERÁS...

- A comparar razonadamente distintas respuestas frente a la finitud del ser humano.
- La respuesta cristiana ante el sufrimiento y la muerte.
- A valorar la presencia compasiva de la Iglesia acompañando situaciones de sufrimiento.

1 ¿Inmortales?

NOS ACTIVAMOS

Lee y reflexiona. Los superhéroes son capaces de solucionar todos los problemas, ¿también el sufrimiento y la muerte? Lee y decide.

No somos héroes

Los superhéroes surgieron en Estados Unidos en la década de los veinte del siglo pasado. El primero que alcanzó popularidad fue Superman, en el año 1938. Los superhéroes se caracterizan por tener dos elementos comunes: buscan acabar con el mal en el mundo, mejorando la sociedad, y, además, muchos de ellos son inmortales. Estos personajes de cómic ponen de manifiesto aspectos esenciales del ser humano: por sí mismo no puede acabar con el mal y el sufrimiento, y es consciente de su propia finitud.

- ¿Por qué los superhéroes producen fascinación en el ser humano?
- ¿Qué cualidades suelen tener estos personajes?

COMPRENDEMOS

Deseo de eternidad

Todos nos hemos preguntado alguna vez el porqué de la enfermedad, el sufrimiento o la muerte. El ser humano es el único ser vivo consciente de su vulnerabilidad y finitud. A diferencia del resto de los animales, nosotros sabemos que a lo largo de nuestra vida padeceremos momentos de sufrimiento y enfermedad, y que, inevitablemente, un día moriremos. Algunos pensadores se refieren al ser humano como "animal paradójico" por la tensión que se produce entre el esfuerzo de ir construyéndose una vida singular, sabiendo de antemano que, tarde o temprano, todos nuestros logros se verán confrontados con el límite de la muerte.

Junto a la certeza de la finitud, en toda persona late también una aspiración profunda de eternidad. Filósofos, poetas y artistas de todos los tiempos han reflejado en sus obras este deseo universal de perdurar más allá de la muerte.

¿Felicidad incompleta?

El deseo de felicidad que analizábamos en la unidad anterior también se ve confrontado con las realidades de la enfermedad, el dolor, el sufrimiento y la muerte. ¿Es posible ser feliz con una existencia frágil y limitada?, ¿una felicidad con final es una felicidad a medias? Las religiones responden a estos interrogantes con la propuesta de la inmortalidad. Desde sus distintos presupuestos, todas coinciden en afirmar que nuestra existencia terrena se prolonga más allá de la muerte. Nuestra vida no queda frustrada sino que, de un modo misterioso, sigue avanzando hacia su plenitud. Para el judaísmo, el cristianismo y el islam, la plenitud del ser humano radica en la visión de Dios.

Incluso para filosofías no creyentes, la inmortalidad y la existencia de un ser absoluto son condiciones necesarias para que la vida humana no acabe en el sinsentido. Es el caso de Kant: según este filósofo, las personas debemos actuar siempre de acuerdo a la ley moral que todos llevamos en nuestro interior. Actuando moralmente conseguiremos ser felices, pero esta coincidencia entre una vida moralmente buena y la felicidad no puede lograrse plenamente en una vida limitada. Solo un ser inmortal y la existencia de Dios pueden "asegurar" el éxito de una vida lograda.

Semilla de eternidad

El máximo enigma de la vida humana es la muerte. El hombre sufre con el dolor y con la disolución progresiva del cuerpo. Pero su máximo tormento es el temor por la desaparición perpetua. Juzga con instinto certero cuando se resiste a a aceptar la perspectiva de la ruina total y del adiós definitivo. La semilla de eternidad que en sí lleva, por ser irreductible a la sola materia, se levanta contra la muerte.

GS 18

Ritos funerarios

En todas las culturas encontramos manifestaciones del deseo de superar la finitud humana. El culto a los muertos es una de sus expresiones universales. Desde las civilizaciones primitivas encontramos enterramientos que demuestran que al ser humano tiene una creencia en la vida después de la muerte.

Los primeros enterramientos aparecen en el Paleolítico, pero es en el Neolítico cuando encontramos las primeras necrópolis, lugares donde se entierra a los muertos. Sabemos que al final del Neolítico los enterramientos iban acompañados de ritos funerarios.

Las ceremonias de enterramientos utilizadas en las distintas culturas expresan sus creencias sobre el misterio de la muerte. Algunas preparan el cuerpo para el reencuentro con los antepasados, otras para destinarlo al olvido, prepararle para inmortalidad, para un nuevo nacimiento, para hacerle habitar definitivamente en un universo paralelo en el que su espíritu interactúa con la naturaleza o, sencillamente, para dar descanso a su alma.

Los preneandertales fueron los primeros en tener conciencia de la muerte, hace más de 350 000 años. Los neandertales enterraban a sus muertos en posición fetal o durmiente. Es probable que esta disposición se debiera a que creían en la reencarnación. Por ese motivo, los muertos eran colocados en la postura de los fetos, esperando que volviesen nuevamente a la vida.

APLICAMOS

1 Reflexiona y amplía. ¿Qué preguntas relacionadas con la finitud aparecen en estas dos páginas? Haz un listado y añade al menos cinco preguntas más.

2 Investiga y completa. Todas las culturas tienen sus ritos funerarios.

- Observa y deduce a qué cultura o a quién pertenece la tumba que muestra cada imagen.
- ¿Conoces algún sitio en tu localidad en el que se inhume a personas? Descríbelo.

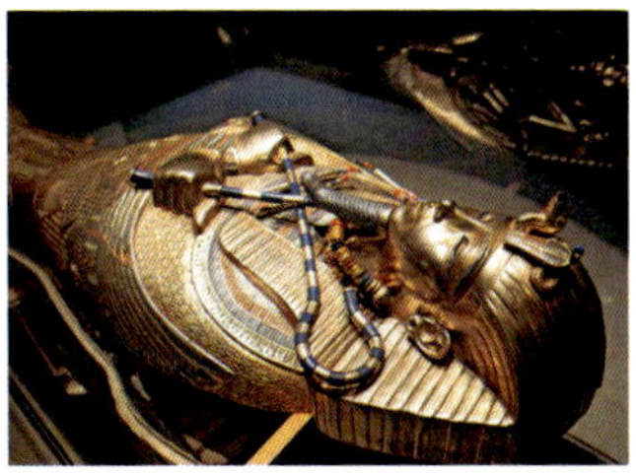

3 Relaciona y argumenta. Lee el siguiente texto sobre nuestra condición vulnerable y responde a las cuestiones teniendo en cuenta lo que has estudiado.

> No somos superhéroes. Lloramos, nos emocionamos, caemos, reímos y, conforme cumplimos años, aumenta el número de cicatrices que adornan nuestro cuerpo y nuestra alma. Cuanto antes abracemos nuestra radical vulnerabilidad, antes comenzaremos a querernos y a disfrutar de la increíble belleza de lo frágil.
> Sí, somos frágiles, necesitamos del cuidado de los demás para poder exisitir. Vivir no es otra cosa que ir tejiendo la red de relaciones que nos vinculan con seres tan frágiles como nosotros.
> Los superhéroes son duros e inmortales, pero más de uno renunciaría a su poder para escapar de su soledad.
>
> Miquel Lake

- ¿Estás de acuerdo con la descripción que M. Lake hace del ser humano?
- Después de haber leído el contenido de estas páginas y el texto anterior, responde por escrito a esta pregunta: ¿podemos ser felices siendo mortales?
- Explica con tus palabras la última frase: "Los superhéroes son duros e inmortales, pero más de uno renunciaría a su poder para escapar de su soledad".

2 ¿Por qué sufrimos?

NOS ACTIVAMOS

Observa y reflexiona. Mira la imagen. Aparece una joven que parece estar sufriendo.

- ¿Cuáles crees que son las principales causas de sufrimiento en los jóvenes? Aquí te ponemos una lista de algunas de ellas. ¿Estás de acuerdo? Añade otras causas que no aparezcan.

Enfermedad física | Enfermedad mental | Trastornos de la alimentación

Adicciones (tabaco, alcohol, juego) | Complejos | Muerte | Acoso

Problemas familiares | Fracaso escolar

COMPRENDEMOS

El sufrimiento

Una de las grandes preguntas que se hace el ser humano es la de por qué sufre. Esta es una de las grandes cuestiones de la existencia humana. Se suscita cuando experimentamos algún mal que causa en nosotros un conjunto de emociones y pensamientos desagradables y de gran intensidad.

Hay muchas causas que producen sufrimiento:

- De la propia persona: enfermedad, complejos, adicciones, frustración…
- Agresiones del mundo exterior: la guerra, el hambre, la violencia, el racismo, la marginación…
- Del ambiente cercano: la envidia, el desprecio, la competitividad, la ambición…

El sufrimiento tiene muchos rostros, y en algún momento de la vida todos lo experimentamos, nadie puede escapar de él, es inevitable.

La **antropología** señala dos funciones del sufrimiento:

- Ayuda a la persona que lo padece a comprender que el ser humano es finito y, a su vez, a valorar lo importante de la vida.
- Cuando el sufrimiento es aceptado, ayuda a la persona a superarse, y la pone ante la tarea de decidir libremente qué actitud escoger ante esa situación.

VOCABULARIO

antropología: ciencia que estudia al ser humano en sus aspectos físicos, sociales y culturales.

Dolor y sufrimiento, ¿son lo mismo?

El dolor y el sufrimiento no son lo mismo, aunque están muy relacionados y, en ocasiones, nos es difícil distinguirlos.

El **dolor** es la sensación física que experimenta la persona cuando siente agresión a su integridad, bien sea por razones fisicas como la enfermedad o un golpe; bien por razones emocionales, como por ejemplo un conflicto con un familiar o un amigo.

El **sufrimiento** supone una sensación, consciente o inconsciente, que aparece reflejada en padecimiento, agotamiento o infelicidad.

Respuestas al sufrimiento

Vivimos en una sociedad que tiende a evitar el sufrimiento. Esto puede ser un peligro porque, como hemos visto, el sufrimiento nos va a acompañar siempre. En algún momento de nuestra vida vamos a tener que enfrentarnos a realidades que nos harán sufrir, y debemos estar preparados para ello.

Muchas veces no podemos evitar la causa que provoca el sufrimiento, pero podemos decidir la manera de vivirlo y de afrontar y superar las circunstancias difíciles que origina. Según la psicología, el sufrimiento nos ayuda a saber quiénes somos y a construir nuestra personalidad según lo afrontamos. La experiencia del sufrimiento es un camino de aprendizaje y de crecimiento personal.

A veces no podemos cambiar lo que nos pasa, pero sí la manera de afrontarlo. Plantas en el desierto de Almería

La respuesta cristiana al sufrimiento

Muchas personas se preguntan por qué Dios, que es bueno, permite el sufrimiento en el mundo. Hay personas que piensan que "Dios calla" ante el sufrimiento, se preguntan cómo es posible que Dios no intervenga en situaciones como las cruentas guerras de la actualidad, la situación de los refugiados o los miles de niños que actualmente mueren de hambre cada día.

El cristiano encuentra en Jesús la respuesta divina al sufrimiento humano. Él no fue indiferente al dolor de los demás, su capacidad de compasión le llevó a vivir como propio el sufrimiento ajeno. La teología utiliza la imagen del "siervo sufriente" aplicada a Jesús para mostrar su solidaridad con aquellos que sufren. Para los cristianos, en la cruz de Jesús cuelga todo el sufrimiento del mundo: soledad, dolor, humillación… Las personas que sufren encuentran en la cruz a alguien radicalmente solidario con ellas. En la cruz de Jesús hallan consuelo y esperanza.

El cristiano sabe que el sufrimiento forma parte de la existencia humana, pero también sabe que Dios no es el responsable del mismo. Él no quiere el sufrimiento, creó al hombre y a la mujer para comunicarles su amor y ofrecerles una vida en plenitud.

El cristiano acepta con madurez los sufrimientos inevitables y combate con determinación aquellos que son producto de la injusticia.

Crucifixión. Iglesia Monasterio de San Jerónimo, Granada.

APLICAMOS

1 Repasa y redacta. Lee nuevamente el contenido y escribe una redacción personal para explicar por qué sufrimos.

Recuerda que debe tener las siguientes partes:

- Introducción: presentación del tema.
- Desarrollo: argumentos con los que se defienden las ideas.
- Conclusión: resumen en pocas palabras de tu opinión personal sobre el tema.

2 Encuentra en esta sopa de letras seis palabras de este apartado y explica en tu cuaderno su significado.

P	O	F	E	T	I	B	D	E	R	A
M	A	R	C	I	S	A	N	O	L	C
Z	O	U	R	A	X	M	E	D	B	O
I	H	S	E	O	F	B	E	A	L	M
P	A	T	R	E	N	I	A	D	G	P
O	L	R	Z	O	E	C	N	L	O	A
I	N	A	P	E	L	I	C	I	N	S
R	A	C	I	S	M	O	E	M	T	I
M	E	I	R	K	A	N	D	U	B	O
E	N	O	A	R	L	O	Q	H	S	N
P	I	N	E	V	I	T	A	B	L	E

3 Reflexiona y decide. Recuerda una situación personal que te haya producido un sufrimiento grande (por ejemplo, la pérdida de un ser querido).

- Señala en tu cuaderno las tres actitudes que desechas indicando por qué lo haces.
  - a) Ser fuerte y pensar que ya se pasará.
  - b) Aceptarlo con resignación.
  - c) Pedir ayuda.
  - d) Llorar cuando me sienta triste.
  - e) Recurrir a mis padres o mis amistades.
  - f) Aceptarlo con resignación.
  - g) Compartirlo con todos por las redes sociales.
  - h) Compartirlo con Jesús en oración.

4 Lee y contesta. Los evangelios muestran en muchos pasajes la implicación de Jesús con el sufrimiento.

Había una mujer que desde hacía dieciocho años estaba enferma por causa de un espíritu, y estaba encorvada, sin poderse enderezar de ningún modo. Al verla, Jesús la llamó y le dijo: "Mujer, quedas libre de tu enfermedad". Le impuso las manos, y enseguida se puso derecha.

Lc 13,11-13

- ¿Cómo se sitúa Jesús ante el sufrimiento?
- Aporta dos pasajes evangélicos similares.

3 ¿Por qué morimos?

NOS ACTIVAMOS

Escucha y reflexiona. El músico Eric Clapton escribió una de sus canciones más famosas, la balada *Tears in heaven* (Lágrimas en el cielo), con motivo de la muerte de su hijo de 4 años, fallecido al caer desde el piso 53 de un rascacielos. La canción dice frases como esta:

¿Sabrías mi nombre, si te viera en el cielo? ¿Sería lo mismo, si te viera en el cielo? Detrás de la puerta hay paz, seguro, y sé que no habrá más lágrimas en el cielo.

www.e-snm.net/sl321

- ¿Qué sentimientos transmite una canción como esta sobre la muerte?
- Piensa en muertes que hayan provocado en ti un fuerte impacto.

COMPRENDEMOS

La muerte, una presencia inevitable

Como señala san Agustín, la muerte es la realidad más verdadera del ser humano. Todo ser humano morirá y eso marca nuestra existencia. Aunque cuando uno es joven no piensa mucho en la muerte, todo ser humano, antes o después, acaba preguntándose sobre ella intentando encontrar respuestas al sentido de su vida.

La presencia de la muerte en la sociedad actual es ambigua: por un lado, los medios de comunicación la presentan de forma constante (guerras, desastres naturales…) hasta el punto de hacernos indiferentes ante ella; por otro, intentan ocultarla haciendo de la muerte cercana un tema tabú del que no se habla, una cuestión que se evita o niega. Se prioriza alentar el deseo de eterna juventud y felicidad permanente. Pero no por negarla o evitarla la muerte deja de estar presente.

La muerte como estigma

A lo largo de la historia algunas causas de muerte han sido consideradas un estigma, es decir, una razón por la que una persona sufría rechazo social. Desde la antigüedad se consideraba que las personas que tenían malformaciones, discapacidades o enfermedades mentales debían ser excluidas de la sociedad y abandonadas hasta morir. En la Edad Media ocurría así con los leprosos.

JUAN DE MEDINA, *San Pedro curando al tullido. Monasterio San Jerónimo, Granada*

Respuestas ante la muerte

La filosofía ha respondido al problema de la muerte de diferentes maneras. Los filósofos del **existencialismo** Martin Heiddeger y Jean-Paul Sartre hicieron importantes aportaciones al respecto, lo mismo que el presentismo moderno.

- Heiddeger define a la persona como un "ser para la muerte". La muerte es entendida como un acontecimiento dramático, que puede llegar en cualquier momento. No podemos vivir una vida superficial y sin compromiso, como si no existiera esta posibilidad. Vivir auténticamente es vivir esperando la muerte. Ser conscientes de la muerte le da intensidad a nuestra vida.
- Sartre se preguntó por la muerte en su libro *El ser y la nada*. Para él, la muerte no da sentido a la vida, sino que se lo quita; es algo inesperado y absurdo. La muerte significa el fin de la posibilidad de realizarse. Definió la muerte como "la continuación de mi vida sin mí".
- El presentismo moderno es un pensamiento muy extendido en la sociedad actual. Es una corriente de pensamiento que considera que lo único que existe es el presente, mientras que pasado y futuro son irreales. Para este pensamiento, la felicidad está en el hecho de vivir. Por tanto, como el ser humano prefiere vivir a morir, es la vida la que nos da la felicidad. Después de la muerte no hay nada. Solo debemos vivir el presente, como si la muerte no existiera.

VOCABULARIO

existencialismo: corriente de pensamiento europea que nace en el siglo XIX y se extiende en el siglo XX. Defiende que lo fundamental del ser humano es su existencia como tal. Para estos pensadores, "el ser humano es angustia", o "un ser para la muerte". Los principales filósofos de esta corriente son Sören Kierkegaard, Martin Heidegger y Jean-Paul Sartre.

La respuesta del cristianismo a la muerte

Creer en Dios no salva a nadie de la experiencia de la muerte, ya que esta es inevitable. Sin embargo, creer en Dios y vivir confiando en él permite enfrentarse a la muerte con esperanza. El fundamento de esta esperanza se encuentra en el poder del amor de Dios manifestado en Jesucristo, que murió y resucitó y es experimentado vivo en la vida creyente. Para los creyentes, esta esperanza no se basa en un pensamiento, sino en una experiencia. Desde la fe, confiesan que la muerte no tiene la última palabra.

Pensar así en la muerte lleva a vivir con seriedad, con responsabilidad y con entrega, porque se es consciente del carácter efímero de la vida. Quien adopta esta postura no cae en la desesperanza y el pesimismo, sino que vive cada instante tratando de disfrutarlo al máximo y como una ocasión única para amar y ser amado.

Acompañar en el sufrimiento y la muerte

La Iglesia ha acompañado en el dolor, la enfermedad y la muerte desde hace muchos siglos. Hay congregaciones religiosas, como los Padres Camilos, la Orden Hospitalaria de San Juan de Dios, las Misioneras de la Caridad o las Siervas de María, que se dedican a cuidar a enfermos terminales y a acompañarlos en su proceso de despedida. Los religiosos y los laicos vinculados a estas congregaciones entregan su vida para dignificar la etapa final de la vida y el momento de la muerte.

La Iglesia acompaña en el dolor, la enfermedad y la muerte.

APLICAMOS

1 Repasa y contesta. Repasa los contenidos de estas dos páginas y escribe en tu cuaderno la respuesta a la pregunta "¿qué es para ti la muerte?" que darían las corrientes de pensamiento que se han estudiado.

Un existencialista como Heidegger	● ● ● ● ● ● ● ● ● ● ● ● ●
Un existencialista como Sartre	● ● ● ● ● ● ● ● ● ● ● ● ●
Un presentista	● ● ● ● ● ● ● ● ● ● ● ● ●
Un cristiano	● ● ● ● ● ● ● ● ● ● ● ● ●

2 Imagina y reflexiona. Imagina un partido de fútbol que no acabara nunca.

- ¿Crees que alguien se esforzaría por meter goles?, ¿el resultado sería importante?
- Si fuésemos inmortales, ¿seríamos necesariamente más felices?

G **3** Investiga y relaciona. La Iglesia cuenta con muchas órdenes religiosas dedicadas a acompañar a los enfermos y moribundos.

- Entre todos, relacionad cada orden con su respectivo fundador.

Padres Camilos ●	● San Juan de Dios
Misioneras de la Caridad ●	● San Vicente de Paúl
Siervas de María ●	● Camilo de Lelis
Hijas de la Caridad ●	● Santa María Soledad Torres Acosta
Orden Hospitalaria de San Juan de Dios ●	● Santa Teresa de Calcuta

- Investigad si cerca de vuestro instituto existe alguna congregación religiosa dedicada al cuidado de enfermos. Redactad un breve informe que contenga esta información: ¿cómo se llama?, ¿quién fue su fundador?, ¿cuántas obras tiene?, ¿se puede colaborar como voluntario?

1 ¿Inmortales?

Hay personas empeñadas en desafiar nuestra condición finita. En la tecnología dicen encontrar soluciones a su deseo de infinitud.

¿Inmortalidad digital?

Raymond Kurzweil (Ray para los amigos) no es un personaje en busca de fama que realiza declaraciones extravagantes en el programa de televisión de moda para obtener cinco minutos de reconocimiento público. Kurzweil en realidad es un genio. Es un músico, empresario, inventor, escritor y científico informático que se ha especializado en los sistemas de inteligencia artificial. Es el autor de la teoría de la singularidad tecnológica, que afirma que dentro de pocos años la inteligencia artificial superará a la humana. Justamente, la intención de Ray es llegar vivito y coleando como mínimo al año 2029, ya que más o menos para esa fecha estima que podría trasvasar su mente a un ordenador mucho más "inteligente" (y duradero) y de esa manera vivir para siempre. Kurzweil sostiene que la tecnología médica no será capaz de evitar que su cuerpo muera, pero cree que tiene una buena oportunidad de asegurar la inmortalidad mediante este proceso.

(www.e-snm.net/sl322)

1 Lee y responde en tu cuaderno.

- ¿Qué pretende Raymond Kurzweil? ¿Crees que su intención es una genialidad o una locura?
- ¿Qué tendrías que trasvasar al ordenador para que fuera como tú? (Memoria, sentimientos, dudas, etc.).
- ¿Qué aspectos de la personalidad no se pueden copiar en un ordenador?

2 ¿Por qué sufrimos?

La pregunta por el sufrimiento no es una cuestión teórica: surge desde la experiencia del padecimiento personal.

¿Por qué sufrimos?

Viktor Frankl (1905-1997) fue un neurólogo y psiquiatra austriaco que estuvo recluido en varios campos de concentración nazis en la Segunda Guerra Mundial. Su libro *El hombre en busca de sentido* describe su vida allí. Defiende que la persona puede encontrar una razón para vivir incluso en las condiciones más extremas de deshumanización y sufrimiento, basándose en la dimensión espiritual del ser humano. Después de la guerra, alcanzó gran fama y fue uno de los fundadores de la logoterapia, un tipo de tratamiento basado en la búsqueda de sentido de la existencia humana.

1 Investigad y reflexionad en común.

- ¿Qué conocéis sobre los campos de concentración nazis?, ¿cómo eran las condiciones de vida allí?
- ¿Estáis de acuerdo con las ideas de Viktor Frankl o consideráis que hay situaciones tan inhumanas que no merece la pena seguir viviendo?

3 ¿Por qué morimos?

La muerte es la frontera última que nos obliga a preguntarnos por el sentido de la vida.

El misterio de la muerte

La naturaleza humana está muy vinculada a la muerte, y prueba de ello es que "los primeros signos de civilización humana transitan por medio de este enigma. Podríamos decir que la civilización humana nació con el culto a los muertos".
La muerte pone al desnudo nuestra vida. Nos hace descubrir que nuestros actos de orgullo, de ira y de odio eran vanidad; pura vanidad.
Nos damos cuenta con tristeza de que no hemos amado lo suficiente y de que no hemos buscado lo que era esencial. Y, por el contrario, vemos lo que de verdaderamente bueno hemos sembrado.
Jesús ha iluminado el misterio de nuestra muerte. Con su comportamiento, nos autoriza a sentirnos dolidos cuando una persona querida se va. Él se conmovió "profundamente" ante la tumba de su amigo Lázaro, y "lloró" (Jn 11,35). Entonces, Jesús rezó al padre, fuente de vida, y ordena a Lázaro que salga del sepulcro. "¡Y entonces resucita! La esperanza cristiana se basa en esa actitud que Jesús asume contra la muerte humana". Toda nuestra existencia se juega aquí entre la fe y el precipicio del miedo. Todos somos pequeños e indefensos delante del misterio de la muerte. Gracias a ella podemos custodiar en ese momento, en el corazón, la llama de la fe.
En el momento de la muerte, Jesús nos tomará de la mano, del mismo modo que tomó de la mano a la hija de Jairo, y nos dirá: "¡Levántate, álzate!".
Esta es nuestra esperanza ante la muerte. Para quien cree, es una puerta que se abre completamente; para quien duda es un resquicio de luz que se filtra de una puerta que no se ha cerrado del todo. Pero para todos nosotros será una gracia, cuando esta luz, del encuentro con Jesús, nos iluminará.

Papa Francisco, audiencia general en San Pedro del Vaticano, 18-10-2017

1 Lee y responde en tu cuaderno.

- El papa habla de que "la civilización humana nació con el culto a los muertos". Investiga sobre cómo era el culto a los muertos en las siguientes civilizaciones antiguas.

Prehistoria	•••••••••••••••••••••••••••••
Egipto	•••••••••••••••••••••••••••••
Grecia	•••••••••••••••••••••••••••••
Roma	•••••••••••••••••••••••••••••
Primeros cristianos	•••••••••••••••••••••••••••••

- ¿Qué rasgos (señala al menos tres) caracterizan la actitud del cristiano frente a la muerte? Explícalo con ideas que aparezcan en el texto del papa.
- En el texto se han resaltado tres frases. Elige una y escribe tu opinión personal sobre ella.

2 Imagina y reflexiona. Imagínate que hoy es el último día de tu vida, que ya no te volverás a despertar y que para ti ya no hay un mañana. ¿Qué harías hoy? Escríbelo en un papel. Esto te ayudará a saber qué es para ti lo más importante y a llevar una vida con más sentido.

Resumimos

es.smSiloe.com
RESUMO
Ruleta de palabras

1 ¿Inmortales?

- El ser humano es consciente de su finitud y, al mismo tiempo, anhela la eternidad.
- El deseo de felicidad se ve amenazado por la presencia ineludible de la muerte.
- En todas las culturas encontramos manifestaciones del deseo de superar la finitud.
- Los ritos funerarios expresan las distintas creencias en una vida que no acaba con la muerte.

2 ¿Por qué sufrimos?

- El sufrimiento forma parte de la existencia humana.
- No podemos evitar el sufrimiento, pero podemos decidir la manera de vivirlo. Si sabemos integrarlo, puede convertirse en un camino de crecimiento personal.
- El cristiano sabe que el sufrimiento no viene de Dios. Es consciente de que hay un sufrimiento inevitable y otro que es consecuencia de la libertad del ser humano.

3 ¿Por qué morimos?

- La muerte forma parte de la existencia humana.
- La humanidad ha respondido a la cuestión de la muerte de diferentes maneras: el existencialismo afirma que estamos destinados a morir y que la muerte priva de libertad al ser humano. El presentismo defiende que, ya que vamos a morir, vivamos el presente con la mayor intensidad posible.
- Para el cristiano, la muerte es el paso a una vida eterna y hay que vivirla con esperanza.

es.smSiloe.com
ME AUTOEVALÚO
¿Qué he aprendido?

La Iglesia enseña que cada alma espiritual es directamente creada por Dios –no es "producida" por los padres–, y que es inmortal: no perece cuando se separa del cuerpo en la muerte, y se unirá de nuevo al cuerpo en la resurrección final.

CIC n.º 366

Lo que expresamos con la palabra *sufrimiento* parece ser particularmente esencial a la naturaleza del hombre. Ello es tan profundo como el hombre, precisamente porque manifiesta a su manera la profundidad propia del hombre y de algún modo la supera. El sufrimiento parece pertenecer a la trascendencia del hombre; es uno de esos puntos en los que el hombre está en cierto sentido "destinado" a superarse a sí mismo, y de manera misteriosa es llamado a hacerlo.

SAN JUAN PABLO II, *Salvici doloris* n.º 2

Jesús ha iluminado el misterio de nuestra muerte. Con su comportamiento, nos autoriza a sentirnos dolidos cuando una persona querida se va. Él se conmovió "profundamente" ante la tumba de su amigo Lázaro, y "lloró". En esta actitud, sentimos a Jesús muy cerca, nuestro hermano.
[…] Esta es nuestra esperanza delante de la muerte. Para quien cree, es una puerta que se abre de par en par; para quien duda es un rayo de luz que se filtra por una puerta que no se ha cerrado del todo.

PAPA FRANCISCO, audiencia general (SAN JUAN PABLO II, *Salvici doloris* n.º 2)

EN LA CULTURA

El sufrimiento humano y la muerte han sido reflejados por muchos artistas. De hecho, podemos decir que ambas experiencias son, en muchas ocasiones, inspiradoras del arte, pues el ser humano siente la necesidad de expresarse ante su presencia.

- ¿Qué relación crees que hay entre el sufrimiento y la muerte y el arte?
- Investiga sobre la representación de estas experiencias en la literatura y el arte. Busca algunas obras literarias y artísticas que traten estos temas.

EDVARD MUNCH, *El grito*

No pinto lo que veo, sino lo que vi

Edvard Munch, principal representante del **expresionismo**, pintó *El grito* en 1893. Se encuentra en el Museo Nacional de Oslo y está ejecutado con la técnica de óleo sobre temple.

Esta obra refleja, a través de un grito desgarrador, la finitud del ser humano, la experiencia del sufrimiento y la muerte a la que cualquier persona está condenada. El autor conoció de cerca estas vivencias, ya que tuvo una infancia rodeada de enfermedades.

Este cuadro está considerado la representación universal de la angustia existencial. El propio autor cuenta su experiencia: "iba por la calle con dos amigos cuando el sol se puso. De repente, el cielo se tornó rojo sangre y percibí un estremecimiento de tristeza. Un dolor desgarrador en el pecho. Me detuve; me apoyé en la barandilla, preso de una fatiga mortal. Lenguas de fuego como sangre cubrían el fiordo, negro y azulado, y la ciudad. Mis amigos siguieron andando y yo me quedé allí, temblando de miedo. Y oí que un grito interminable atravesaba la naturaleza". Se cree que la inspiración para la representación de la figura humana de la pintura tuvo su origen en una momia peruana que Munch observó en una exposición universal en París.

VOCABULARIO

expresionismo: es un movimiento artístico y literario de origen europeo surgido a principios del siglo XX. Se caracteriza por la intensidad de la expresión de los sentimientos y las sensaciones. Tuvo diferentes estilos. Destacan Munch, Kirchner, Klee, Kandinsky y Roualt.

[APLICAMOS]

16 Representad y exponed. ¿Cómo representarías el sufrimiento humano?

- Cada alumno elige cómo representaría el sufrimiento humano (a través de una imagen, una canción, un dibujo, una foto, una escultura, un icono, etc.
- En un gran panel se colocan todas las representaciones.
- Cada uno tiene un minuto para explicar por qué ha escogido esa representación.

EN LA BIBLIA

El libro de la Sabiduría

El libro de la Sabiduría pertenece al género literario sapiencial. En este pasaje hay una reflexión sobre la vida y la muerte que plantea la posibilidad de disfrutar y de hacer lo que nos apetezca olvidando la justicia y el buen hacer.

1 Corta, triste, apagada... es la existencia humana

En el libro de la Sabiduría nuestra existencia es descrita por determinados adjetivos (corta, triste, apagada…) e imágenes (humo, ceniza, rastro de nubes…). Esta percepción de la existencia humana es similar a la experiencia expresada por algunos raperos en sus canciones. Un ejemplo, el rap *Versos de un suicida*, de Mc Can.

www.e- sm.net/sl324

2 Disfrutemos, gocemos, embriaguémonos... El modo de vivir de los malvados

En el libro de la Sabiduría hay una minoría que afronta la existencia desde una actitud basada en disfrutar, gozar, embriagarse, etc. Una minoría que lo puede hacer porque es privilegiada ("esta es nuestra suerte y nuestra herencia" [v. 9]). En la trilogía *Los juegos del hambre* también hay una visión de la existencia corta y dura y una minoría privilegiada que procura disfrutar, gozar y embriagarse a sabiendas de la existencia de una mayoría esclavizada.

www.e-sm.net/sl325

3 Justo

El libro de la Sabiduría plantea también el modo de vivir del justo. Los justos cumplen la Ley y se comportan según la educación recibida, conocen a Dios y tienen tal relación con él que se llaman a sí mismos hijos de Dios; y se oponen, por su modo de vivir, a considerar el disfrute como único objetivo de la vida. Los justos son aplastados por la minoría privilegiada. En la saga *Los juegos del hambre*, los justos habitan los distritos sometidos por la minoría privilegiada.

SABIDURÍA 2,1-24

¿Disfrutar olvidando la justicia?

[1] Discurriendo equivocadamente dicen:
1 *"Corta y triste es nuestra vida, no hay remedio*
para el hombre cuando llega su fin; de nadie
sabemos que haya vuelto del abismo.
[2]Vinimos al mundo por obra del azar, y
después será como si no hubiéramos existido.
Humo es el aliento que respiramos, y el
pensamiento una chispa del latido de nuestro
corazón. [3]Apagada esta, el cuerpo se convierte
en ceniza, y el espíritu se desvanece como aire
inconsistente. [4]Se olvidará con el tiempo
nuestro nombre, y nadie se acordará de
nuestras obras. Como rastro de nubes pasará
nuestra vida, se esfumará como niebla,
perseguida por los rayos del sol y abatida por
su calor. [5]Nuestra vida es como una sombra
que pasa, y nuestro fin no se puede retrasar;
pues está sellado y nadie puede volver.
2 *[6] Así pues, disfrutemos de los bienes presentes,*
gocemos de las criaturas con pasión de
juventud. [7]Embriaguémonos de vinos
exquisitos y perfumes, que ni una flor
primaveral se nos escape. [8]Coronémonos con
capullos de rosas antes de que se marchiten;
[9]que nadie de nosotros falte a nuestras orgías,
dejemos por todas partes señales de nuestro
regocijo, porque esta es nuestra suerte y
nuestra herencia".
3 *[10] "Aplastemos al justo desvalido, no*
tengamos compasión de la viuda, ni
respetemos las canas del anciano. [11]Sea
nuestra fuerza la norma de la justicia, porque
lo débil se demuestra inútil.
[12]Acechemos al justo, porque nos resulta

insoportable, y se opone a nuestra forma de
actuar, nos echa en cara que no hemos
cumplido la ley, y nos reprocha las faltas
contra la educación recibida; [13]se precia de
conocer a Dios, y se llama a sí mismo hijo del
Señor.
[14]Es un reproche contra nuestros
pensamientos, y solo verlo nos molesta. [15]Pues
lleva una vida distinta de los demás, y va por
caminos muy diferentes. [16]Nos considera
moneda falsa, se aparta de nosotros como si
fuéramos impuros. Proclama dichosa la
suerte de los justos, y se precia de tener a Dios
4 *por padre. [17]Veamos si es verdad lo que dice,*
comprobemos cómo le va al final. [18]Porque si
el justo es hijo de Dios, él lo asistirá, y lo librará
de las manos de sus adversarios. [19]Probémoslo
con ultrajes y tortura: así veremos hasta
dónde llega su paciencia y comprobaremos
su resistencia. [20]Condenémoslo a muerte
ignominiosa, pues, según dice, Dios lo librará".
[21]Así piensan, pero se equivocan, pues los
ciega su maldad. [22]Ignoran los secretos de
Dios, no confían en el premio de la virtud,
ni creen en la recompensa de los intachables.
[23]Dios creó al hombre para la inmortalidad,
y lo hizo a imagen de su propio ser;
5 *[24]mas por envidia del diablo entró la muerte*
en el mundo, y tienen que sufrirla los
que le pertenecen.

VOCABULARIO

v.: es la abreviatura de "versículo".

vv.: plural, "versículos".

4 Veamos si es verdad lo que dice

Los malvados y los justos tienen una visión distinta de la vida y entre ellos hay una confrontación. Los malvados perciben que el modo de vivir de los justos "es un reproche contra nuestros pensamientos, y solo verlo nos molesta" (v. 14). ¿Cómo ponen a prueba los malvados al justo y sus planteamientos? Prueban "su paciencia y su resistencia" (v. 19), se dicen que "si es hijo de Dios, Dios lo asistirá" y lo condenan a "una muerte ignominiosa (injusta)" (v. 20).

5 Por envidia del diablo

En esta expresión aparece el diablo como personificación de las causas del mal. El pueblo semita y muchas culturas de la antigüedad que viven una existencia dura, donde la finitud del ser humano es evidente, explican las causas del mal a través de los demonios. En este caso hace referencia a la causa de la muerte: la envidia del diablo por los seres humanos, creados a imagen de Dios. Se llama *Satán* al demonio que personifica la tentación.
Se llama *Diablo* al demonio cuando tiene el poder de matar.
Hoy podemos nombrar otros "demonios" que personifican algunas causas del mal: droga, codicia, racismo, violencia de género, acoso escolar…

[APLICAMOS]

Investiga y analiza.

- Fíjate en los vv. 1-5, la reflexión sobre la vida, y escribe una frase en positivo de cada una de las frases negativas.
- Vuelve a leer los vv. 6-7; ¿podrías poner ejemplos de alguna de esas pasiones en la sociedad actual?
- ¿Quién es para los cristianos el Hijo de Dios? Tras contestar, vuelve a leer los vv. 8-20; ¿a qué muerte lo condenaron los poderes del mundo?
- Fíjate ahora en los vv. 21-24. Con lo que has trabajado en la unidad, reflexiona sobre cuáles son los "secretos de Dios", cuál es el "premio de la virtud", cuál es la "recompensa de los intachables".
- ¿Cuál es la causa del sufrimiento del justo? ¿Es Dios la causa de la muerte?

BLOQUE 2

La revelación: Dios interviene en la historia

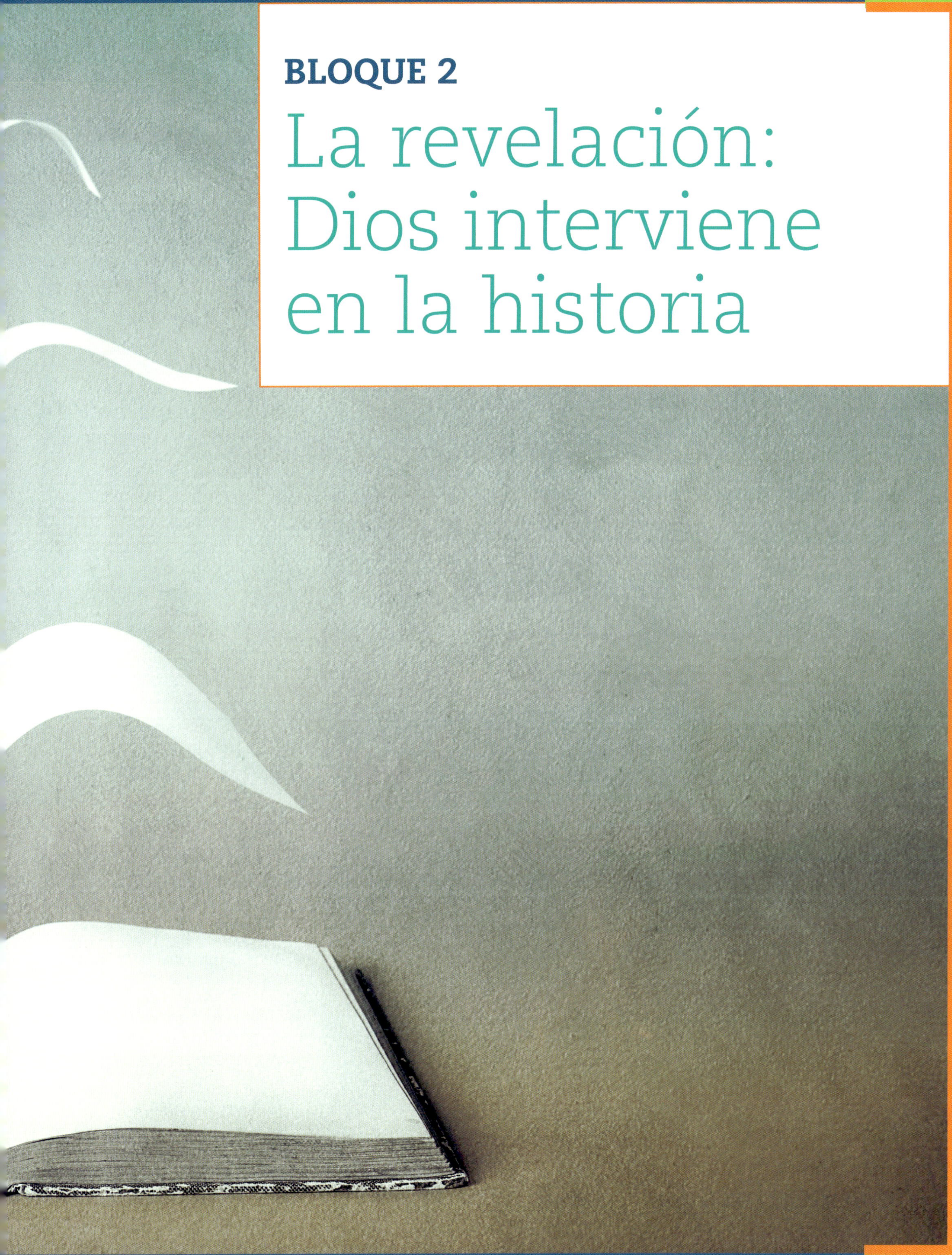

3 La presencia del mal

¿El mal es inevitable?

En la Epístola a los Romanos, el apóstol Pablo se lamenta de no hacer el bien que quiere sino el mal que no desea ("no entiendo mi comportamiento, pues no hago lo que quiero, sino que hago lo que aborrezco", Rom 8,15). ¿A todo el mundo le pasa lo mismo? Selecciona las frases con las que estés más de acuerdo.

- ☐ Todo el mundo, hasta la mejor persona, ha actuado mal alguna vez en su vida.
- ☐ Si solo pudiésemos actuar bien, no existiría la libertad: el mal es "necesario".
- ☐ Si todas las personas se comportan mal alguna vez, es señal de que los seres humanos compartimos un mal común.
- ☐ El mal se puede evitar siempre, aunque sea muy difícil.
- ☐ Un mundo sin mal es un sueño imposible.

YouTube

No conozco a ninguna persona totalmente buena que siempre haya actuado bien. ¿Tendrá algo que ver con el pecado original?

La presencia del mal no se puede negar. La Biblia pone el origen del mal y el pecado en la actuación de Adán y Eva, símbolos de la libertad de elección de todos los seres humanos. Elegir el bien o el mal tiene consecuencias personales, en otras personas y en la creación.

La literatura de todos los tiempos se ha preocupado por la presencia del mal en el interior del ser humano. En la novela *El extraño caso del doctor Jekyll y mister Hyde*, de Robert L. Stevenson, un honrado médico (el doctor Jekyll) se convierte en un peligroso asesino (mister Hyde) cada vez que ingiere una bebida. En *Frankenstein*, de Mary Shelley, un ser humano creado artificialmente a partir de partes de cadáveres diseccionados siembra el pánico a su alrededor.

PARA EMPEZAR...

1 ¿Crees que en el interior de toda persona habita un doctor Jekyll bondadoso y un peligroso mister Hyde?, ¿crees que es algo que te puede suceder a ti?

2 Entre toda la clase, elaborad una lista con novelas o películas en las que aparezcan personas buenas que realizan acciones malas.

APRENDERÁS...

- A analizar las relaciones entre la libertad y el pecado.
- A descubrir que el pecado radica en el rechazo a la intervención de Dios en la propia vida.
- La relación que existe entre pecado y desorden ecosocial.
- A reconocer que para el cristiano el pecado no tiene la última palabra.
- La importancia de los sacramentos del bautismo y de la reconciliación.

es.smSiloe.com

ME PREGUNTO

¿Cuánto sé?

1 El pecado original

NOS ACTIVAMOS

I G **Reflexiona y comparte.** Ser libres significa buscar la felicidad utilizando los medios a nuestra disposición, sin coerción alguna y respetando la libertad de otros. A veces, nos asusta ser libres y tenemos miedo de tomar decisiones (p. ej., decidir sobre qué estudiar, decir algo que pueda provocar el enfado de otro, mentir o no para conseguir aquello que quiero…).

- Añadid a la lista cinco situaciones más en las que nos da miedo ser libres.
- ¿Por qué tenemos miedo en estos casos?
- En esas situaciones, ¿qué relación hay entre libertad y compromiso?

COMPRENDEMOS

El relato bíblico

La tradición cristiana cuenta con un relato en el libro del Génesis a través del cual se explica el origen del mal.

> *La serpiente era el más astuto de todos los animales del campo que había hecho el Señor Dios. Fue y dijo a la mujer:*
> *—¿Así que Dios os ha dicho que no comáis de ninguno de los árboles del huerto?*
> *La mujer respondió a la serpiente:*
> *—¡No! Podemos comer del fruto de los árboles del huerto; solo nos ha prohibido, bajo pena de muerte, comer o tocar el fruto del árbol que está en medio del huerto.*
> *Replicó la serpiente a la mujer:*
> *—¡No moriréis! Lo que pasa es que Dios sabe que en el momento en que comáis se abrirán vuestros ojos y seréis como Dios, conocedores del bien y del mal.*
> *La mujer se dio cuenta entonces de que el árbol era bueno para comer, hermoso de ver y deseable para adquirir sabiduría. Así que tomó de su fruto y comió; se lo dio también a su marido, que estaba junto a ella, y él también comió. Entonces se les abrieron los ojos, se dieron cuenta de que estaban desnudos, entrelazaron hojas de higuera y se las ciñeron.*
>
> Gn 3,1-7

Como sabemos, no podemos acercarnos a este texto con mentalidad de historiadores ni como si fuese un manual de ciencias naturales. Aunque pretende explicar algo que afecta a toda la humanidad, se trata de un relato simbólico con contenidos de carácter sapiencial: la felicidad, la desgracia, la libertad, la muerte, etc., y quiere responder a preguntas comunes a los seres humanos de todos los tiempos: ¿por qué el mal?, ¿por qué hay tanto odio, tanto dolor y sufrimiento en el mundo?, ¿por qué Dios lo permite?

Las religiones contemporáneas al relato del Génesis daban dos tipos de respuestas:

- Si Dios era creador de todo, también era creador del mal (Babilonia).
- El origen del mundo es consecuencia del conflicto entre dos principios opuestos e igual de fuertes, el bien y el mal (Zaratustra).

El relato del libro del Génesis ofrece una respuesta diferente. Dios es bueno y el origen del mal no está en él sino en la acción libre y voluntaria del ser humano, que lo ha introducido en el mundo al abusar de la libertad que Dios le dio.

La serpiente no es un anti-Dios que crea el mal y compite con Dios. Su papel, según el relato bíblico, es suscitar en el ser humano la sospecha de que la unión con Dios priva de libertad y de las cosas más bellas de la vida.

MASACCIO, *Adán y Eva*

Un problema universal

A través del relato del pecado original conocemos cómo surge el mal en el mundo. El pecado original se puede considerar el pecado inaugural, ya que, desde los comienzos de la humanidad hasta hoy, el pecado trastorna la vida del ser humano con una serie de rupturas:

- ***Ruptura con Dios.*** En el relato de la creación el ser humano tenía una relación íntima con Dios. Tras la desobediencia rehúye su rostro y su presencia.
- **Ruptura con la naturaleza.** La creación es un lugar que protege, nutre y sostiene: un don de Dios para el ser humano. Pero, después del pecado, pasa a ser una propiedad que saquear y explotar. El mundo ya no es un jardín.
- ***Ruptura con los demás.*** La desobediencia trae consigo la alteración de la relación de los seres humanos entre sí. El "otro" se convierte en un rival, en una amenaza.
- ***Ruptura consigo mismo.*** Al desobedecer, el ser humano va contra sí mismo, reniega de su origen y de su razón de ser.

Esa serie de rupturas enmarcan cuál es, para la tradición bíblica, la situación original de la que partimos. Todo ser humano entra en un mundo marcado por rupturas radicales fruto del pecado.

El pecado original

Desde el punto de vista teológico, *pecado original* se utiliza para referirse a tres realidades:

- El primer pecado cometido en la historia de la salvación, lo que se conoce como pecado de Adán.
- Para explicar que todos venimos al mundo con una situación de pecado, como consecuencia de ese primer pecado original que, de alguna manera, todos "heredamos".
- El origen de todo pecado, es decir, el origen de la ruptura que se produce con Dios en todos los pecados actuales.

APLICAMOS

1 Relaciona. **En el siguiente cuadro aparecen diferentes partes del relato del Génesis. Todo el relato está lleno de simbolismos, alegorías y metáforas. Relaciona en tu cuaderno los textos bíblicos con su significado.**

1. El mandato: El Señor Dios dio este mandato al hombre: "Puedes comer de todos los árboles del jardín, pero del árbol del conocimiento del bien y el mal no, porque el día en que comas de él, tendrás que morir". (Gn 2,16-17)	A. El deseo de querer ser independientes y separarse de Dios.
2. El fruto prohibido: La mujer se dio cuenta de que el árbol era bueno para comer, hermoso de ver y deseable para adquirir sabiduría. (Gn 3,6a)	B. Ruptura con Dios.
3. La serpiente: La serpiente era el más astuto de todos los animales del campo que había hecho el Señor Dios. (Gn 3,1)	C. Consecuencia del pecado.
4. La vergüenza: se les abrieron los ojos, se dieron cuenta de que estaban desnudos, entrelazaron hojas de higuera y se las ciñeron. (Gn 3,7)	D. Tentación.
5. Pecado: tomó de su fruto y comió; se lo dio también a su marido, que estaba junto a ella, y él también comió. (Gn 3,6b)	E. Dios indica el camino que se ha de seguir.

2 Repasa y reflexiona. **En estas páginas hemos aprendido sobre el mal, su origen y significado. Repasa el contenido y responde en tu cuaderno qué pensabas antes sobre el mal y su origen, y qué piensas ahora.**

El mal y su origen	
Antes pensaba	Ahora pienso
•••••••••••••••••••••••	•••••••••••••••••••••••

2 La libertad y el pecado

NOS ACTIVAMOS

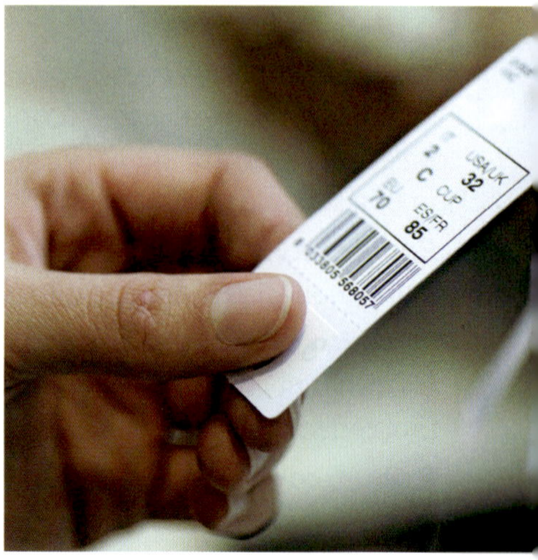

Investiga. **Según la Organización Internacional del Trabajo, millones de niños menores de 14 años trabajan en las llamadas "fábricas del sudor" produciendo la ropa, los juguetes o los ordenadores que compra Occidente. En el caso del sector textil, el 90 % de las prendas de vestir de última moda se fabrica a precios irrisorios en algunas de las zonas de libre comercio del sudeste asiático, América Latina o el este de Europa. En las fábricas del sudor trabajan millones de mujeres y niños en jornadas de entre 60 y 84 horas semanales por un sueldo que no suele sobrepasar el 0,4 % del precio de venta del artículo.**

- Investiga sobre el origen de tus prendas de ropa. Mira en su etiqueta donde pone *Made in* ('hecha en'). ¿Qué países aparecen? ¿Por qué crees que están confeccionadas allí?
- ¿En qué afecta a esas personas que nosotros consumamos estos productos?

COMPRENDEMOS

Tendencia al mal

El relato del pecado original demuestra que el pecado es consecuencia del abuso de libertad por parte del ser humano, y que condiciona la identidad de todas las personas de todos los tiempos. Después de este relato, en la Biblia se narra el fratricidio de Caín (Gn 4), la corrupción de los contemporáneos de Noé (Gn 6), la construcción de la torre de Babel (Gn 11,1-8), etc. Estos episodios confirman que, tras el pecado original, el pecado es un acontecimiento universal.

Pero, además, el relato sobre el pecado original nos ayuda a comprender que la naturaleza del ser humano es contradictoria. Por una parte, sabe que debe hacer el bien y que íntimamente también quiere hacerlo. Pero, simultáneamente, siente otro impulso a hacer lo contrario de lo que está queriendo hacer, siente dentro de sí una tendencia a hacer solo lo que le agrada y le da satisfacción, aunque sepa que haciendo algunas de esas cosas actúa contra la naturaleza, contra los demás, contra sí mismo y contra Dios. San Pablo, en la Epístola a los Romanos, expresó esta contradicción.

> *En efecto, no entiendo mi comportamiento, pues no hago lo que quiero, sino que hago lo que aborrezco; y si hago lo que no quiero, estoy de acuerdo con que la ley es buena. Ahora bien, no soy yo quien lo hace, sino el pecado que habita en mí.*
>
> Rom 7,15-17

Una lucha interior

El hombre, en efecto, cuando examina su corazón, comprueba su inclinación al mal y se siente anegado por muchos males, que no pueden tener origen en su santo creador. Al negarse con frecuencia a reconocer a Dios como su principio, rompe el hombre la debida subordinación a su fin último, y también toda su ordenación tanto por lo que toca a su propia persona como a las relaciones con los demás y con el resto de la creación.

Es esto lo que explica la división íntima del hombre. Toda la vida humana, la individual y la colectiva, se presenta como lucha, y por cierto dramática, entre el bien y el mal, entre la luz y las tinieblas.

LG 13

El pecado, una experiencia religiosa

Cuando definimos el pecado, nos remitimos a la experiencia que vive la persona que cree en Dios y tiene relación con él. Se trata de una realidad religiosa en la que quien comete el pecado es consciente de hacer voluntariamente un mal uso de la libertad que Dios le ha dado y toma decisiones que le alejan de él. Al pecar, el ser humano rompe su relación con Dios.

Se considera pecado no solo la ofensa a Dios; las acciones contra uno mismo o contra los demás también constituyen una ofensa a Dios y una ruptura con él.

El pecado personal: "Yo soy responsable"

Hacer el mal, es decir, lo que los cristianos llaman cometer un pecado, es siempre un acto de la persona porque su origen está en la libertad. El ser humano actúa de forma libre y escoge entre hacer el bien y hacer el mal. Para los cristianos, existe un pecado personal cuando, desde su libertad, alguien decide hacer el mal.

Aquel que actúa siguiendo el impulso del mal puede estar condicionado o motivado por factores externos o internos que pueden influir en su manera de actuar. Pero estos factores no eliminan la capacidad de elegir que el ser humano tiene y que le hace responsable de sus acciones, tanto cuando actúa bien como cuando tiene que asumir la responsabilidad del mal cometido.

El pecado estructural: "Nosotros somos responsables"

En el mundo actual, la interdependencia de los sistemas sociales, económicos y políticos crea múltiples situaciones de injusticia y de agresión directa a los derechos humanos. Estas situaciones reciben el nombre de *pecado estructural*. Es la consecuencia de las estructuras establecidas por el ser humano y que generan mal "automáticamente".

Sin embargo, en el pecado estructural no se puede olvidar la responsabilidad personal. El pecado estructural supone una responsabilidad personal cuando el ser humano acepta estas estructuras, las reproduce o simplemente se cruza de brazos ante esas situaciones, bien por comodidad, bien por considerar que no puede hacer nada.

Para los cristianos, el término *pecado* se relaciona con todo aquello que nos deshumaniza, nos cierra al desarrollo de nosotros mismos, al encuentro con el otro y al sentido profundo que tiene la creación. Al hacer el mal, el ser humano debe asumir las consecuencias que ese daño produce y la responsabilidad que conlleva.

Pecado y estructuras de pecado

Las estructuras de pecado se fundan en el pecado personal y, por consiguiente, están unidas siempre a actos concretos de las personas, que las introducen, y hacen difícil su eliminación. Y así estas mismas estructuras se refuerzan, se difunden y son fuente de otros pecados, condicionando la conducta de los hombres. [...]

Pecado y estructuras de pecado son categorías que no se aplican frecuentemente a la situación del mundo contemporáneo. Sin embargo, no se puede llegar fácilmente a una comprensión profunda de la realidad que tenemos ante nuestros ojos sin dar un nombre a la raíz de los males que nos aquejan.

SAN JUAN PABLO II,
SRS 36 y 37

APLICAMOS

1 Observa y titula. Observa estas tres imágenes y ponle un título a cada una.

2 Relaciona causa y efecto. Elige una de las imágenes y redacta un texto de unas veinte líneas con la ayuda de la información correspondiente.

- El 1% de la población con más ingresos gana el doble que el 50% más pobre. Las leyes económicas y las políticas de los países han contribuido al incremento de esta situación.
- Exceso de consumo en los países desarrollados. Búsqueda de recursos naturales y mano de obra barata. Uso inadecuado de los recursos. Incremento de la contaminación.
- Mano de obra barata. Fortaleza física. Docilidad. Falta de medios para la educación y el desarrollo. Fácil influir en sus mentes. Ayuda en muchos campos. Buenos colaboradores.

3 Vencer al pecado

NOS ACTIVAMOS

Reflexiona y contesta. La película *La misión* cuenta la historia de los misioneros jesuitas en tierra de los guaraníes (Brasil) en el siglo XVIII. Observa la escena propuesta y contesta a las preguntas.

Una de las escenas más impactantes es el trayecto por la selva de un soldado (que luego se hará jesuita) arrastrando su armadura y armas por las laderas de las cataratas de Iguazú. Un peso cargado de culpabilidad que busca ser perdonada.

www.e-sm.net/sl432

- ¿Por qué la culpa se representa como una carga?
- ¿Conoces a alguien que haya sufrido cambios tan importantes en su vida? ¿Por qué cambió?
- ¿Cuál es la fuerza principal para que una persona cambie de manera tan radical?

COMPRENDEMOS

Jesús, el nuevo Adán

Los cristianos creen que el pecado original ha dañado la naturaleza humana pero no la ha corrompido definitivamente, el ser humano sigue siendo libre y responsable de su vida. El pecado original no anuló la libertad del ser humano, pero le ha obligado a recuperar, desde el ejercicio de su libertad, su propia plenitud.

Además, la persona no puede salir por sí sola de esta situación, no puede salvarse a sí misma; solamente Dios puede rehacer las relaciones. La ruptura que produjo el pecado original solo se puede resolver porque Dios, que es amor, vuelve a salir al encuentro de la persona. Ese acercamiento culminó en Jesús de Nazaret, que recorrió el camino inverso del que había abierto Adán.

> *Si por un hombre vino la muerte, por un hombre vino la resurrección. Pues lo mismo que en Adán mueren todos, así en Cristo todos serán vivificados.*
>
> 1 Cor 15,21-22

Error y pecado no son lo mismo

El pecado es una experiencia humana referida a Dios, y, por tanto, pertenece al campo de la religión. El resto de los errores, fallos o acciones intencionadamente negativas pertenecen al campo de la moral y la ética, por tanto, a la filosofía. A veces se utiliza la palabra *pecado* para referirse a estas últimas acciones.

El significado del bautismo

Para los cristianos, el signo de la vida nueva que se inicia con Jesús y que supera la ruptura que se produjo con Adán se hace visible en la celebración del sacramento del bautismo. El verbo griego del que procede el castellano *bautizar* significa 'sumergir'. El baño con agua es un ritual para expresar la transición de una condición a otra, un signo de purificación para un nuevo comienzo, un renacer.

Entre otros, los siguientes son algunos de los significados teológico del bautismo:

- **Victoria sobre el pecado.** Por la acción del Espíritu Santo, el bautismo sumerge al ser humano en la muerte y resurrección del Señor, ahogando en la pila bautismal al "hombre viejo", Adán, dominado por el pecado que separa de Dios, y dando vida al "hombre nuevo", recreado en Jesús.
- **Incorporación a la Iglesia.** Por el bautismo la persona se incorpora a la Iglesia y recibe de ella la ayuda para vencer el mal y hacer el bien: los sacramentos, las celebraciones y la caridad.
- **Identificación con Jesucristo.** El bautismo configura a cada cristiano con el mismo Jesús. Esa unión y semejanza con Cristo conduce a la comunión con Dios y con los demás, y restituye la ruptura del pecado.

Mosaico del bautismo de Jesús. Baptisterio Neoniano. Rávena (Italia)

La respuesta cristiana al pecado: perdón y amor de Dios

La experiencia cristiana de ruptura con respecto a Dios, a uno mismo, a los demás y al mundo, se contrapone con la cercanía que Dios tiene con el ser humano en la persona de Jesús. Jesús es acogida, misericordia y salvación, es Dios hecho hombre.

Cuando el ser humano se hace consciente de su pecado, ve el perdón como una necesidad para restablecer las relaciones que se han roto. El cristiano, arrepentido, busca desde su libertad encontrarse con el Dios de Jesús, el Dios del amor. Reconocer el error es la manera de abrir el camino de la reconciliación con Dios.

El sacramento de la penitencia es la celebración por la que el cristiano reconoce sus propias faltas para normalizar las relaciones que se habían deteriorado. Este sacramento es un diálogo en el que se ponen de manifiesto el perdón y la misericordia de Dios.

> Los que se acercan al sacramento de la penitencia obtienen de la misericordia de Dios el perdón de los pecados cometidos contra él y, al mismo tiempo, se reconcilian con la Iglesia, a la que ofendieron con sus pecados. Ella les mueve a conversión con su amor, su ejemplo y sus oraciones.
>
> LG n.º 11

Jesús no fue enviado por su padre para juzgar al mundo, sino para que el mundo se salve por él (*cf.* Jn 3,17); no ha venido a llamar a los justos, sino a los pecadores (*cf.* Lc 5,32); no solo anuncia el perdón de Dios, sino que perdona en su nombre (*cf.* Mt 9,4-7).

Como enseñó Jesús, ejercer el perdón nos humaniza y contribuye a restaurar la convivencia con los demás, pues exige renuncia de uno mismo y reconocimiento del valor del otro. Por eso, es imprescindible educar para la paz, para interiorizar que la paz y la justicia son las mejores opciones ante el mal.

El sacramento de la penitencia manifiesta la misericordia de Dios.

APLICAMOS

1 **Soluciona.** Resolviendo las siguientes definiciones encontrarás la respuesta de Dios ante el pecado (algunas respuestas provienen de las páginas anteriores).

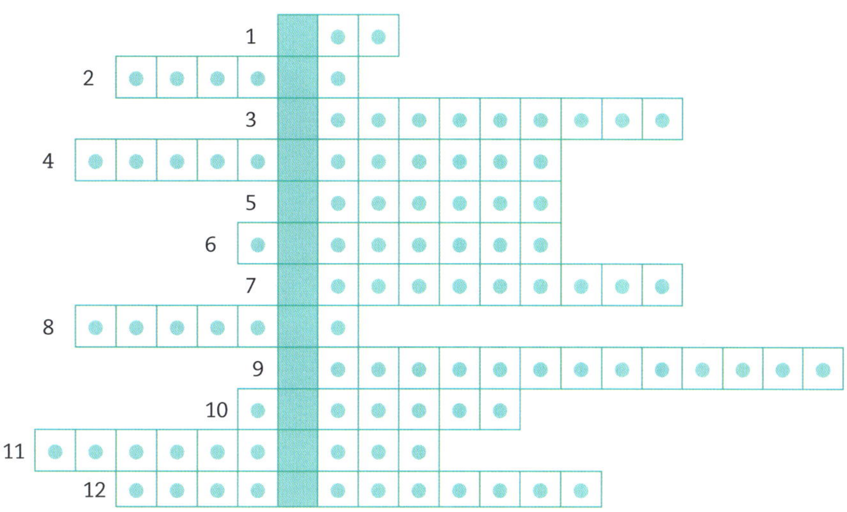

1. El pecado se produce cuando lo cometemos.
2. Sinónimo de *bondad*, es el amor de Dios con los seres humanos.
3. La penitencia lo es.
4. Actitud de muchas personas ante el sufrimiento y el mal.
5. La consecuencia principal del pecado.
6. El pecado es consecuencia de utilizarla.
7. Le dice a cada ser humano lo que está bien y lo que está mal.
8. Se dice así cuando cometemos un pecado sin saber que lo es.
9. Generalmente, consecuencia del perdón.
10. Sinónimo de *penitencia*.
11. Una de las principales causas de las injusticias en el mundo.
12. Sentimiento que se tiene cuando se reconoce que se ha actuado mal.

1 El pecado original

Elegir bien no siempre es fácil, en ocasiones supone tomar decisiones heroicas.

La libertad interior, la mayor de las libertades

La mayor de todas las libertades es la libertad interior. Ejemplo de ello es la vida del franciscano san Maximiliano María Kolbe, más bien su muerte. Estando preso en el campo de concentración de Auschwitz, al ver que iban a ejecutar a un padre de familia, ofreció su vida a cambio de aquel padre y murió de hambre y sed encerrado en una celda.
Ese padre de familia pudo asistir a la canonización del santo, inmensamente agradecido. Maximiliano Kolbe decidió dar su vida por otro para evitar lo que él consideró un sufrimiento mayor. Así demostró que, a pesar de estar privado de todas las libertades, tenía la mayor que existe: la de decidir qué hacer.

www.e-sm.net/sl331

1 Lee y responde en tu cuaderno.

- Maximiliano Kolbe tomó una decisión heroica, ¿qué razones le llevaron a ella?
- ¿Conoces otros ejemplos de decisiones parecidas? Ponlos en común con el resto de la clase.
- Escribe un breve comentario de texto sobre esta frase: "La mayor de todas las libertades es la libertad interior".

2 La libertad y el pecado

No podemos negar la presencia del mal en el mundo. ¿De dónde viene ese mal?, ¿tenemos alguna responsabilidad sobre él?

El mal "se hace solo"

Todos los años mueren de hambre entre 14 y 40 millones de seres humanos.
Ninguno de nosotros querríamos positivamente que murieran y muchos desearíamos poder evitarlo, pero no sabemos cómo. Sin embargo, tampoco nos sentimos inocentes: somos conscientes de que en nuestra mesa, en la mesa del 25 % más rico de la humanidad, hemos acumulado el 83 % del producto mundial bruto.
Cuentan que la célebre teóloga alemana Dorothee Sölle, durante el debate que siguió a una de sus conferencias, fue criticada por uno de sus oyentes, que le reprochaba no haber hablado suficientemente del pecado.
"Es verdad —contestó ella—, he olvidado que como plátanos…".
En un libro posterior aclaró que se refería al saqueo de América Latina cometido por empresas como la United Fruit Company.
Según los biógrafos de santa Isabel de Hungría, su director espiritual, el padre Conrad, le prescribió no alimentarse ni vestirse con cosa alguna que no supiese ciertamente que había llegado a ella sin sombra alguna de injusticia.
Pues bien, si hoy —que entendemos algo más de macroeconomía— quisiéramos cumplir esa orden, no podríamos probar bocado y deberíamos ir desnudos: quien pretende no matar ni robar en el mundo de hoy debe pensar que se está matando y robando en el otro extremo de la cadena que a él le trae ese bienestar al que no está dispuesto a renunciar.

La maravilla de nuestro invento consiste en que semejante violencia no la ejerce un hombre determinado contra otro igualmente determinado —lo que resultaría abrumador para su conciencia—, sino que, a través de unas estructuras anónimas, el mal "se hace solo".

Luis González-Carvajal, *Teología para universitarios*

www.e-sm.net/sl344 (adaptación)

1 Lee y reflexiona. En el texto se hacen algunas afirmaciones sorprendentes, escribe tu opinión sobre ellas.

- ¿"Comer plátanos" es un pecado? Explica con tus palabras lo que quiere decir de la teóloga D. Sölle.
- Según el texto, si quisiéramos comer y vestirnos de forma justa, acabaríamos pasando hambre y yendo desnudos. ¿Por qué?
- Pon al menos cinco ejemplos de situaciones en las que el mal "se hace solo".

3 Vencer al pecado

Entrevista en *Revista Misión* a Jaime Cárdenas, director de investigación de la Schengen Peace Foundation, una entidad sin ánimo de lucro con sede en Luxemburgo.

"El perdón de Jesús es revolucionario".

¿Por qué es importante el ejemplo de Jesús?
Jesucristo se movió siempre en un entorno hostil. Desde que nació, se vio sometido a amenazas violentas. Trataron de matarlo nada más nacer, lo amenazaron al iniciar su vida pública, lo intentaron despeñar y apedrear, mataron a su primo Juan, persona muy cercana, y luego decidieron acabar con él, cosa que finalmente lograron. De modo que Jesús, que conoció de primera mano la ofensa violenta y despiadada, decidió perdonar. Perdonar no le salvó del sufrimiento. Sin embargo, él perdonó lo irreparable e inició algo que fue revolucionario. Ahora bien, el perdón no excluye la justicia. De hecho, la justicia aplicada ayuda a perdonar, y perdonar abre las puertas a la justicia.

¿Quiere decir que el perdón es un invento cristiano?
La potencialidad de perdonar ha existido siempre en el ser humano. Lo que hace el cristianismo es llevar esa potencialidad a su extremo. Más que una doctrina, es la fuerza vital de Jesucristo la que nos hace entender que, efectivamente, es posible un perdón que perdona lo irreparable. El perdón de Jesús ya de por sí es revolucionario, y más todavía si se considera el mandato de amar a los enemigos. El cristianismo aporta dos elementos a la resolución de conflictos: distinguir al ofensor de la ofensa que comete y la benevolencia hacia el ofensor.

www.e-sm.net/sl334

1 Lee y reflexiona. Jaime ha visto países atrapados en una espiral de odio y violencia de la que solo se puede salir con una solución que trasciende la justicia: el perdón.

- ¿Por qué es un ejemplo la permanente disposición al perdón de Jesús?
- ¿Qué te parece más liberador para las personas: perdonar o vivir en el rencor? Justifica tu respuesta.
- ¿Qué significa la expresión *odiar el pecado pero amar al pecador*?

Resumimos

es.smSiloe.com
RESUMO
Ruleta de palabras

1 El pecado original

- El relato del pecado original recogido en el libro del Génesis "explica" el porqué del mal en el mundo.
- Las personas podemos elegir entre actuar bien o mal. La libertad está en el origen del pecado.
- La verdadera libertad es aquella que emana de la conciencia ética.

es.smSiloe.com
ME AUTOEVALÚO
¿Qué he aprendido?

> El relato de la caída (Gn 3) utiliza un lenguaje hecho de imágenes, pero afirma un acontecimiento primordial, un hecho que tuvo lugar al comienzo de la historia del hombre(*cf.* GS 13,1). La Revelación nos da la certeza de fe de que toda la historia humana está marcada por el pecado original libremente cometido por nuestros primeros padres.
>
> CIC n.º 390

2 La libertad y el pecado

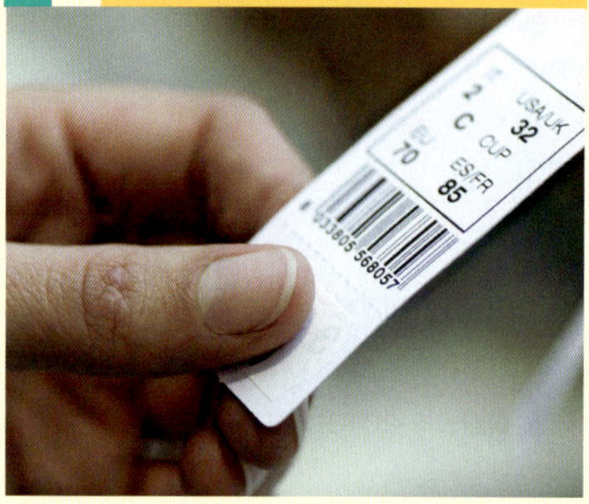

- El pecado es una experiencia religiosa de la persona que cree en Dios y tiene una relación con él.
- La experiencia del pecado consiste en realizar una acción que supone la ruptura de la relación con Dios, con uno mismo, con los demás o con la creación.
- La respuesta cristiana al pecado es el perdón de Dios, que se basa en su misericordia infinita.
- El sacramento de la penitencia es la celebración por la que el cristiano pide perdón por sus faltas y restaura las relaciones rotas.

> El pecado es una falta contra la razón, la verdad, la conciencia recta; es faltar al amor verdadero para con Dios y para con el prójimo, a causa de un apego perverso a ciertos bienes. Hiere la naturaleza del hombre y atenta contra la solidaridad humana.
>
> CIC n.º 1849

3 Vencer al pecado

- La ruptura que produjo el pecado original solo se puede resolver porque Dios, que es amor, vuelve a salir al encuentro del ser humano.
- Para los cristianos, el signo de la vida nueva que se inicia con Jesús y que supera la ruptura que se produjo con Adán se hace visible en la celebración del sacramento del bautismo.
- El sacramento de la reconciliación es un diálogo en el que se ponen de manifiesto el perdón y la misericordia de Dios.

> Nuestro Señor vinculó el perdón de los pecados a la fe y al bautismo: "Id por todo el mundo y proclamad la buena nueva a toda la creación. El que crea y sea bautizado se salvará" (Mc 16,15-16). El bautismo es el primero y principal sacramento del perdón de los pecados porque nos une a Cristo muerto por nuestros pecados y resucitado para nuestra justificación, a fin de que "vivamos también una vida nueva" (Rm 6,4).
>
> CIC n.º 977

EN LA CULTURA

El mundo nos envía basura, nosotros le devolvemos música

La Orquesta de Instrumentos Reciclados de Cateura, dirigida por Favio Chávez, está conformada por niños, adolescentes y jóvenes de escasos recursos que viven en la comunidad del Bañado Sur, ubicada alrededor del vertedero Cateura de Asunción (Paraguay).

- ¿Conoces algún lugar del mundo en el que se pueda dar esta situación? ¿Cuál?
- ¿Por qué hay lugares del mundo que se convierten en vertederos? ¿Cuáles son?
- ¿Por qué crees que la música ayuda a superar esta realidad?

Orquesta de Instrumentos Reciclados de Cateura

Orquesta de Instrumentos Reciclados de Cateura

La característica distintiva de la Orquesta de Cateura es la interpretación de obras musicales con instrumentos reciclados elaborados a partir de basura rescatada del vertedero.

La orquesta tiene por objetivo desarrollar un proceso de formación dirigida a niños y jóvenes que viven en condiciones precarias y en estado de vulnerabilidad, a través de la música como elemento motivador y de promoción para los niños y jóvenes, de modo que estos vivan experiencias que les ayuden a aprender, a permanecer en la escuela, a desarrollar su creatividad y a tener acceso a oportunidades para mejorar su futuro.

[APLICAMOS]

Investigad la realidad de los músicos de la Orquesta Cateura. Para ello, seguid los siguientes pasos.

- ¿Qué relación tiene la realidad de la Orquesta Cateura con lo que hemos visto en esta unidad?
- Entre toda la clase, elaborad una lista de propuestas para acabar con las causas de la injusticia y la desigualdad social.
- Por último, dividid la clase en pequeños grupos. Cada grupo tendrá que fabricar un instrumento con material reciclado (p. ej., palos de lluvia, tambores, panderetas, guitarras, castañuelas, etc.).

www.e-sm.net/sl333

EN LA BIBLIA

Los mitos

¿No te has preguntado nunca por qué existen el dolor y la muerte?, ¿por qué hace falta trabajar? ¿Crees que serías capaz de dar una respuesta a estas preguntas? Seguro que responderías con lo que has aprendido, con lo que te han contado o con lo que has experimentado, ¿verdad? Pues esa es la función que tienen los relatos mitológicos, también llamados mitos. Los mitos son narraciones que se contaban en la antigüedad para dar una interpretación de la realidad y transmitirla en forma de cuento o leyenda. Son fáciles de recordar, tienen pocos personajes, se cuentan a un público y se amplían o reducen sus detalles en función de la audiencia.

1 Mujer y serpiente

El diálogo de la mujer con la serpiente abre el cambio hacia una nueva situación. La serpiente, que representa la astucia frente a Dios, hace saber a la mujer que se puede comer del árbol de la sabiduría. Comer de ese árbol permitirá conocer como Dios. La mujer, en su deseo de adquirir la sabiduría, se deja llevar por la belleza del fruto y come. Maestras e institutrices como Mary Poppins también se encargan de transmitir sabiduría.
¿Has pensado alguna vez qué habría pasado si no conociéramos el bien y el mal?
¿Quiénes son los que no conocen la diferencia entre el bien y el mal y, por eso, hay que enseñársela?

2 Jardín

Para un pueblo que vive en una tierra seca y árida, en la que cuesta obtener una mínima cosecha, el lugar de Dios no puede ser otro que un verde y hermoso jardín. Dios, que lo ha creado todo, ha pensado el mundo como un lugar hermoso, lleno de vida, árboles, animales, y una pareja humana que disfruta de todo esto en la compañía de Dios, con el que pasean cada tarde. No hay miedos, ni dificultades, ni trabajo, ni esfuerzos... ¡Qué maravilla! ¡Vacaciones eternas!

Jardines del Alcázar, Córdoba

GÉNESIS 3,1-24

El mito del pecado original

La serpiente era más astuta que las demás
bestias del campo que el Señor había hecho. Y
1 *dijo a la mujer:*
—¿Conque Dios os ha dicho que no comáis de
2 *ningún árbol del jardín?*
La mujer contestó a la serpiente:
—Podemos comer los frutos de los árboles del jardín; pero del fruto del árbol que está en mitad del jardín nos ha dicho Dios:
3 *"No comáis de él ni lo toquéis,*
de lo contrario moriréis".
La serpiente replicó a la mujer:
—No, no moriréis; es que Dios sabe que el día en que comáis de él, se os abrirán los ojos, y seréis como Dios en el conocimiento del bien y el mal.
Entonces la mujer se dio cuenta de que el árbol era bueno de comer, atrayente a los ojos y deseable para lograr inteligencia; así que tomó de su fruto y comió. Luego se lo dio a su marido, que también comió. Se les abrieron los ojos a los dos y descubrieron que estaban desnudos; y entrelazaron hojas de higuera y se las ciñeron.
Cuando oyeron la voz del Señor Dios que se paseaba por el jardín a la hora de la brisa, Adán y su mujer se escondieron de la vista del Señor Dios entre los árboles del jardín.
El Señor Dios llamó a Adán y le dijo:
—¿Dónde estás?
Él contestó:
—Oí tu ruido en el jardín, me dio miedo, porque estaba desnudo, y me escondí.
El Señor Dios le replicó:
—¿Quién te informó de que estabas desnudo?, ¿es que has comido del árbol del que te prohibí comer?
Adán respondió:
—La mujer que me diste como compañera me ofreció del fruto y comí.
El Señor Dios dijo a la mujer:
—¿Qué has hecho?
La mujer respondió:
La serpiente me sedujo y comí.
El Señor Dios dijo a la serpiente:
—Por haber hecho eso, maldita tú entre todo el ganado y todas las fieras del campo; te arrastrarás sobre el vientre y comerás polvo toda tu vida; pongo hostilidad entre ti y la mujer, entre tu descendencia y su descendencia; esta te aplastará la cabeza cuando tú la hieras en el talón.
A la mujer le dijo:

—Mucho te haré sufrir en tu preñez, parirás hijos con dolor, tendrás ansia de tu marido y él te dominará.
A Adán le dijo:
—Por haber hecho caso a tu mujer y haber comido del árbol del que te prohibí, maldito el suelo por tu culpa: comerás de él con fatiga mientras vivas; brotará para ti cardos y espinas, y comerás hierba del campo. Comerás el pan con sudor de tu frente, hasta que vuelvas a la tierra, porque de ella fuiste sacado; pues eres polvo y al polvo volverás. Adán llamó a su mujer Eva, por ser la madre de todos los que viven. El Señor Dios hizo túnicas de piel para Adán y su mujer, y los vistió. Y el Señor Dios dijo:
—He aquí que el hombre se ha hecho como uno de nosotros en el conocimiento del bien y el mal; no vaya ahora a alargar su mano y
4 *tome también del árbol de la vida, coma de él y viva para siempre.*
El Señor Dios lo expulsó del jardín de Edén, para que labrase el suelo de donde había sido tomado. Echó al hombre, y a oriente del jardín de Edén colocó a los querubines y una espada llameante que brillaba, para cerrar el camino del árbol de la vida.

CHARLES EDWARD PERUGINI, *Pandora*

El mito de Pandora

Pandora es la primera mujer; fue modelada en barro por Hefesto, dios del fuego, a imagen y semejanza de las inmortales. Zeus ordenó su creación para castigar a los humanos, porque Prometeo había robado el fuego para dárselo a la humanidad. Cada dios concedió a Pandora una cualidad: la belleza, la gracia, la sabiduría, etc. Zeus le entregó un ánfora para que se la llevara a Epimeteo, pero le prohibió abrirla. Pandora sentía mucha curiosidad, así que no pudo resistirse y abrió la caja; esta contenía todos los males existentes, que se escaparon y quedaron en el mundo. Según el poeta Hesíodo, autor del mito, solo la esperanza quedó en el ánfora.

3 No comáis de él... moriréis

En el relato del Génesis hay dos árboles: "El árbol del bien y del mal" (Gn 2,9). Conocer el bien y el mal conlleva una responsabilidad. Y toda responsabilidad supone un sufrimiento. El sufrimiento es un anticipo de la muerte. Por este motivo dice el relato mítico que comer de este árbol significa morir.

4 El árbol de la vida

El fruto de este árbol da la vida. Esta es una capacidad reservada a Dios en exclusiva, solo él puede dar la vida. Por eso Dios expulsa a los seres humanos antes de que alcancen esta capacidad.

[APLICAMOS]

1 Lee las frases subrayadas en naranja para conocer cómo entiende a Dios el pueblo de Israel.
- ¿Qué hace y dice Dios?
- ¿Por qué busca al ser humano?
- ¿Cómo reacciona ante lo que acaba de suceder?
- Después de lo que has leído, ¿qué imagen tienes de Dios?

2 Compara el papel de Eva con el de Pandora en estos dos relatos míticos.

¿Tienes sentimientos de culpabilidad?

Copia y completa la siguiente tabla en tu cuaderno para conocer tu sentimiento de culpabilidad.

	TF	MBF	MBV	TV
Me preocupa lo que otras personas puedan pensar de mis acciones.	••	••	••	••
No merezco tener gente que me quiera.	••	••	••	••
Cuando cometo algún error lo paso muy mal.	••	••	••	••
Me sentiría feliz si pudiera arreglar de alguna manera el daño que he hecho.	••	••	••	••
Cuando me enfado con algún amigo, pienso que habré metido yo la pata.	••	••	••	••
La causa de mis fracasos está en mí mismo.	••	••	••	••
La mayor felicidad es comportarse correctamente.	••	••	••	••
No me siento peor que la mayoría de mis amigos.	••	••	••	••

Corrección: **TF** (Totalmente falso, 1 punto) / **MBF** (Más bien falso, 2 puntos) / **MBV** (Más bien verdadero, 4 puntos) / **TV** (Totalmente verdadero, 5 puntos) / **No contesta** (3 puntos). A mayor puntuación, mayor sentimiento de culpabilidad.

Todos somos responsables de las consecuencias de nuestros actos, tanto de las positivas como de las negativas. A veces la sociedad ignora las consecuencias de sus malas acciones y pretende vivir de espaldas a su responsabilidad.

YouTube

¿Por qué a veces nos sentimos culpables cuando no hay ningún testigo? ¿Quién nos vigila desde dentro?

PARA EMPEZAR...

Pepito Grillo en la película *Pinocho* y el cangrejo Sebastián en *La Sirenita* tienen la misma misión: aconsejar y advertir a los protagonistas sobre las consecuencias de decisiones equivocadas: son la voz de la conciencia.

1 ¿Conoces otros personajes de películas que se dediquen a dar consejos?

2 Lee el diálogo entre Pepito Grillo y Pinocho. Explica con tus palabras qué es la conciencia.

Diálogo entre Pepito Grillo y Pinocho

Pepito Grillo: Deberás distinguir entre el bien y el mal.
Pinocho: ¿Bien y mal? ¿Y cómo sabré?
PG: Tu conciencia te lo dirá.
P: ¿Qué es la conciencia?
PG: ¿Qué es la conciencia? Te lo diré. La conciencia es esa débil voz interior que nadie escucha, por eso el mundo anda tan mal.

3 ¿Has escuchado alguna vez la voz de tu conciencia?, ¿cuándo?, ¿qué tenías que elegir?

4 Pepito Grillo dice que el mundo anda mal porque no escuchamos la voz de la conciencia. Haced una lista de situaciones que reflejen esa afirmación.

es.smSiloe.com
ME PREGUNTO
¿Cuánto sé?

APRENDERÁS...

- A reconocer la responsabilidad personal y social en el mal y en el pecado.
- A tomar conciencia del sufrimiento que existe en el mundo y a no permanecer impasible ante él.
- A identificar situaciones actuales donde se expresa el pecado como rechazo o suplantación de Dios.
- A discernir las dimensiones antropológica y religiosa que confluyen en la experiencia de pecado.

1 ¿Una sociedad sin culpa?

NOS ACTIVAMOS

¿Injusticia o necesidad?

En el mundo, 152 millones de niños se ven obligados a trabajar. Y alrededor de la mitad, 73 millones, lo hace en condiciones extremas y peligrosas que amenazan su seguridad, salud, educación y desarrollo. No tienen salida alguna. Viven explotados, sin escapatoria. La mayoría en el África subsahariana y Asia. Si no actuamos ya, los condenamos a una vida de pobreza y exclusión.

Fuente: www.unicef.es

Decidid. Después de leer el texto sobre trabajo infantil decidid en vuestro cuaderno qué grado de responsabilidad tiene cada una de las partes implicadas (mucha responsabilidad: 5; poca responsabilidad: 1).

- ☐ Los responsables son los niños, tendrían que negarse a trabajar.
- ☐ Los responsables son los padres que los envían a trabajar.
- ☐ Los responsables son los gobiernos que no ayudan a las familias.
- ☐ Nadie es responsable, hay situaciones que son así. Es una cuestión de suerte.

COMPRENDEMOS

Ojos que no ven...

Vivimos en una sociedad en la que se ha impuesto un rechazo generalizado al sentimiento de culpa y a asumir la responsabilidad de los actos. Muchas veces se piensa que es mejor no tener culpa de nada porque nos cuesta asumir la angustia que produce ese sentimiento. Se hace realidad la expresión "ojos que no ven, corazón que no siente". También se ha extendido el pensamiento de que la responsabilidad que se deriva de las acciones que uno realiza no es un problema propio, sino que es responsabilidad de los demás.

¿Qué causas han provocado que se llegue a esta situación?

- El desarrollo del individualismo, que lleva a la persona a pensar y sentir que es el centro de todo y que debe satisfacer todos sus deseos.
- La sociedad de consumo, pues promueve una idea de la felicidad alejada de todo dolor y sufrimiento.
- La falta de compasión para vivir como propio el sufrimiento ajeno.
- Considerar que la culpa siempre es de otro (Estado, empresas, Iglesia, etc.).
- Estar acostumbrados al sufrimiento y al dolor ajeno porque "no hay nada que hacer".

Individualismo y anomía

Una sociedad que vive "sin culpa" fomenta el individualismo y la anomía.

El individualismo exagerado produce un abandono de la conciencia de responsabilidad con el prójimo. Frente a la pregunta que se hacía Caín, con respecto a su hermano Abel, "¿soy yo acaso el guardián de mi hermano?" (Gn 4,9), la sociedad actual responde con un claro no: no somos responsables del prójimo. Sin embargo, el ser humano se da cuenta de que tiene la obligación de ocuparse del prójimo cuando descubre que todos estamos ligados, somos interdependientes. De ahí nace la responsabilidad y el compromiso en el cuidado del otro.

Ministerio de la Soledad

Una de las mayores expresiones del individualismo de la sociedad es el aumento considerable del número de personas que mueren solas sin que nadie se entere hasta pasados meses o incluso años. En Japón hay 3700 casos de *kodokushi* (personas que mueren solas) al año, según datos oficiales, pero se calcula que pueden llegar a ser hasta 30 000. Esta situación ya se ha extendido a EE. UU. y Europa. En Suecia, una de cada cuatro personas muere sola y nadie la reclama. En Inglaterra se ha puesto en marcha el Ministerio de la Soledad. En España han aumentado los casos de manera alarmante en los últimos años. En casi todos los países están surgiendo las empresas que se encargan de la limpieza y desmantelamiento de las casas de estas personas.

La anomía es la ausencia de normas. Cuando en una sociedad desaparecen las normas morales y sociales que permiten que todos puedan desarrollarse y alcanzar sus metas, se provoca que haya personas que se queden apartadas porque carecen de los recursos mínimos para poder sobrevivir.

La presencia del sufrimiento

A pesar de vivir en una sociedad aparentemente "sin culpa", la realidad nos muestra que nos encontramos ante un mundo en el que hay muchas situaciones de dolor y sufrimiento. Muchas de ellas son consecuencia de un sistema económico que provoca que todos aquellos que no pueden participar de la cadena de consumo queden apartados, excluidos y marginados.

Entre los principales problemas que encontramos en nuestra sociedad están la violación del derecho a la vida y a una calidad de vida digna; la presión contra la libertad de los individuos y las colectividades, incluyendo la libertad de profesar la propia fe; las diferentes formas de discriminación (racial, cultural, religiosa, etc.); la violencia y el terrorismo; el deterioro medioambiental y la escasez de recursos naturales, como consecuencia del consumo excesivo; el uso de la tortura y de formas injustas e ilegítimas de represión; la acumulación de armas convencionales o atómicas, que implica gastos bélicos que podrían servir para aliviar la pobreza inmerecida de pueblos social y económicamente deprimidos; la desigual distribución de las riquezas del mundo y de los bienes, que llega a su punto culminante en un tipo de organización social en la que la distancia en las condiciones humanas entre ricos y pobres aumenta cada vez más, un síntoma de **aporofobia**.

VOCABULARIO

aporofobia: es un neologismo (palabra nueva) acuñado por la filósofa española Adela Cortina. Designa el miedo, rechazo o aversión a los pobres. Fue elegida palabra del año en el 2017.

APLICAMOS

1 Repasa y contesta. **Hemos visto que la indiferencia se ha extendido en la sociedad actual, haciendo que muchas personas vivan centradas en sí mismas.**

- ¿Cuáles son las causas de esta indiferencia? Búscalas en el contenido de este apartado y añade alguna que tú consideres.
- ¿Y las consecuencias? Rellena este cuadro en tu cuaderno y pon ejemplos.

Consecuencias de la indiferencia	Ejemplos
••••••••••	••••••••••

2 Leed y reflexionad. **El sociólogo Zygmunt Bauman propone una reflexión provocativa. Leedla individualmente y, después, estableced un debate siguiendo este orden.**

– Escribe tu opinión personal sobre el texto, ¿estás de acuerdo con Bauman cuando afirma que no hay ninguna buena razón para preocuparnos por los demás? ¿Por qué?

– Haz un listado con 5 razones para ser morales.

– Dividid la clase en dos: un grupo defenderá la postura de que no existe ningún imperativo que nos obligue a preocuparnos por los demás, el otro se posicionará en contra.

No hay, seamos francos, ninguna "buena razón" para que debamos ser guardianes de nuestros hermanos, para que tengamos que preocupamos, para que tengamos que ser morales; y en una sociedad orientada hacia la utilidad, los pobres y dolientes, inútiles y sin ninguna función, no pueden contar con pruebas racionales de su derecho a la felicidad. Sí, admitámoslo: no hay nada "razonable" en asumir la responsabilidad, en preocuparse y en ser moral.

Zygmunt Bauman, *La sociedad individualizada*

2 Conscientes

NOS ACTIVAMOS

Reflexiona y decide. ¿Qué emociones te producen las acciones que describen las siguientes frases?

- "Me olvidé de felicitar el cumpleaños a mi mejor amigo".
- "Me puse a chatear mientras estudiaba y no preparé bien el examen".
- "Alguien se reía de una persona con discapacidad y yo no hice nada".
- "Les grité a mis padres porque no me dejaron hacer lo que quería".
- "Dejé de hablarme con un buen amigo por una tontería".
- "A veces consumo sustancias que no son buenas para la salud".
- "Me peleé con mi madre por la hora de llegar a casa".
- "Le dije a una buena amiga que me quedaba en casa a estudiar, cuando realmente salí con otros amigos".

COMPRENDEMOS

La culpa, un fenómeno universal

Aunque no haya testigos de nuestra mala acción y, por tanto, nadie nos la vaya a reprochar, en nuestro interior surge el sentimiento de culpa, porque somos conscientes de haber actuado mal.

La culpabilidad supone el reconocimiento sincero y humilde de una equivocación voluntaria, o la aceptación de un error que recae sobre nuestra responsabilidad. En vez de actuar guiado por los valores, el individuo se deja llevar por otras motivaciones. Surge entonces en la persona un dolor que proviene de haber actuado sin responder a los ideales y valores más elevados del ser humano.

Está demostrado por la **etnología** que el fenómeno de la culpa es universal. Está estrechamente relacionado con la finitud del ser humano y no depende de pueblos, culturas o épocas.

La conciencia

Nuestra conciencia es como un vigilante en situación de alerta permanente. La conciencia es resultado de la inteligencia y de la libertad humana, y depende en gran medida de la atención y esfuerzo que cada ser humano pone en su desarrollo personal. A través de ella, el ser humano tiene dominio de si mismo, sabe de sí mismo, así como de las realidades que lo rodean.

Desde el punto de vista religioso, la conciencia es lo más profundo del ser humano, en el que este se encuentra a solas con la realidad suprema, es decir, con Dios.

La conciencia y la moral

La conciencia posee la capacidad para decidir nuestros actos y hacernos responsables de estos según la **moral**, que es la concepción que tenemos del bien y del mal. El ser humano, a través de la conciencia, juzga como buena o mala una acción.

Con respecto a la moral, el ser humano emplea la conciencia para tres cosas:

– **Para discernir.** Esto nos diferencia de los animales, que responden de forma inmediata a las situaciones. El ser humano, por el contrario, analiza la situación y ve las posibilidades y consecuencias antes de actuar.

VOCABULARIO

etnología: la palabra proviene del griego *etnos* ('nación', 'pueblo') y *logía* ('estudio', 'tratado'). Es la ciencia social que estudia las etnias y las culturas.

moral: conjunto de los valores y normas de conducta de una persona o de una colectividad considerados buenos y aceptables.

La moral del cristiano

El cristiano, gracias a la revelación de Dios y a la fe, conoce la *novedad* que marca la moralidad de sus actos; éstos están llamados a expresar la mayor o menor coherencia con la dignidad y vocación que le han sido dadas por la gracia: en Jesucristo y en su Espíritu, el cristiano es *creatura nueva*, hijo de Dios, y mediante sus actos manifiesta su conformidad o divergencia con la imagen del Hijo que es el primogénito entre muchos hermanos, vive su fidelidad o infidelidad al don del Espíritu y se abre o se cierra a la vida eterna, a la comunión de visión, de amor y beatitud con Dios Padre, Hijo y Espíritu Santo.

San Juan Pablo II, *Veritatis Splendor*, n.º 73

- **Para formarnos un juicio correcto.** Nos permite mirar al futuro para reforzar o cambiar nuestras posibles decisiones, sentir su acierto o error.
- **Para tomar decisiones.** Estamos, queramos o no, obligados a tomar decisiones permanentemente.

En definitiva, la conciencia moral y ética es la capacidad para sentir, juzgar, deliberar y actuar de modo libre, responsable y coherente con los valores morales que uno posee.

Por encima de la ley, por encima de la norma, está la propia conciencia.
SÓFOCLES, *Antígona*

Lo que implica tener conciencia moral

- Saber que no todo da igual, porque queremos vivir humanamente bien.
- Fijarnos en si lo que hacemos corresponde con lo que verdaderamente queremos.
- Desarrollar el gusto por lo moralmente bueno, rechazando aquello que es malo.
- Sentirnos responsables de las consecuencias de nuestros actos, ya que provienen de nuestra libertad.
- Tener sentimiento de culpabilidad, reconocer equivocaciones o errores que recaen sobre nuestra responsabilidad.

APLICAMOS

1 Lee y responde. Lee el siguiente texto del Concilio Vaticano II y responde en tu cuaderno.

Importancia de la conciencia
En lo más profundo de su conciencia descubre el hombre la existencia de una ley que él no se dicta a sí mismo, pero a la cual debe obedecer, y cuya voz resuena, cuando es necesario, en los oídos de su corazón, advirtiéndole que debe amar y practicar el bien y que debe evitar el mal: haz esto, evita aquello. Porque el hombre tiene una ley escrita por Dios en su corazón, en cuya obediencia consiste la dignidad humana y por la cual será juzgado personalmente. **La conciencia es el núcleo más secreto y el sagrario del hombre**, en el que este se siente a solas con Dios, cuya voz resuena en el recinto más íntimo de aquella. Es la conciencia la que de modo admirable da a conocer esa ley cuyo cumplimiento consiste en el amor de Dios y del prójimo.

GS 16

- ¿A qué concepto de conciencia de los que hemos visto en este apartado se refiere este texto?
- ¿Cuál es la finalidad de la conciencia?
- ¿Qué quiere decir la expresión resaltada?
- ¿Están todas las personas de acuerdo con ella?

2 Ponte en su lugar y reflexiona. Imagina que tú eres el responsable de apretar el botón para lanzar la bomba atómica sobre Hiroshima. ¿Qué habrías hecho? En caso de haberla soltado, ¿tendrías la conciencia tranquila?

No me arrepiento
"Si Dante se hubiera encontrado con nosotros en el avión, se habría horrorizado. La ciudad que vimos tan claramente bajo la luz del día había desaparecido bajo esa espantosa cobertura de humo y fuego".

(www.e-sm.net/sl341 -adaptación-)

Esa frase es de Paul Tibbets, el piloto que lanzó la bomba atómica sobre Hiroshima en agosto de 1945. Murieron 120 000 personas. Tibbets, que falleció a los 92 años, nunca se arrepintió de su decisión.

3 Cuidar la "casa común"

NOS ACTIVAMOS

Lee e investiga. El 22 de abril la ONU celebra el Día Internacional de la Madre Tierra. Se trata de una fecha en la que se denuncian de manera especial los problemas que el ser humano está causando al planeta. Hay muchas circunstancias que están provocando un daño a la naturaleza que podría ser irreparable. Las principales son las siguientes:

- La deforestación
- La sequía y la escasez de agua
- El elevado número de residuos
- La contaminación del aire
- El cambio climático
- La contaminación del mar
- El peligro de extinción de especies

G • Entre toda la clase, elaborad una lista de diez acciones concretas que se realizan habitualmente y que contribuyen al deterioro del medioambiente (p. ej., usar el coche para desplazamientos cortos).

COMPRENDEMOS

Ser conscientes y hacernos responsables

Comportarse como seguidores de Jesús significa caer en la cuenta de que todas nuestras acciones tienen consecuencias para uno mismo, los demás y el mundo. También implica responder por las acciones realizadas, así como por sus consecuencias. Para el cristiano, la responsabilidad constituye una actitud básica en su comportamiento moral. El Concilio Vaticano II no duda en afirmar:

> Somos testigos de que está naciendo un nuevo humanismo, en el que el hombre queda definido, principalmente, por la responsabilidad hacia sus hermanos y ante la historia.
>
> Concilio Vaticano II, GS 55

También en la ética se ha puesto el acento en la responsabilidad. El filósofo Hans Jonas propuso a finales del siglo xx una ética, basada en el principio de responsabilidad, que nos ayude a organizar la convivencia y la relación con la naturaleza en una sociedad cada vez más tecnológica: "Obra de tal modo que los efectos de tu acción sean compatibles con la permanencia de una vida humana auténtica en la Tierra". Lo que expresado en forma negativa sería: "Obra de tal modo que los efectos de tu acción no sean destructivos para la futura posibilidad de esa vida".

VOCABULARIO

ecología: palabra que viene del griego *oikos* ('casa') y *logía* ('estudio', 'tratado'). Fue introducida por el biólogo Ernst Häckel en el siglo xviii. Se refiere a todo cuanto afecta a la interacción entre el mundo vital configurado por el ser humano y la biosfera con todos sus organismos vivientes y sus ecosistemas.

Una responsabilidad urgente. La ecología integral

La llamada urgente a sentirnos responsables de la creación está recogida de manera explícita en la doctrina de la Iglesia.

En la encíclica *Laudato si´*, publicada en el año 2015, el papa Francisco apuesta por una **ecología** responsable integral que tiene en cuenta tanto las injusticias contra las personas como las agresiones a la naturaleza, agresiones que sufren en primer lugar los más empobrecidos de nuestro planeta.

Hace un llamamiento a que todo ser humano se acerque a la naturaleza con apertura y con sentimientos de admiración y agradecimiento ante el regalo de la creación, y a que se comprometa en el cuidado de la "casa común".

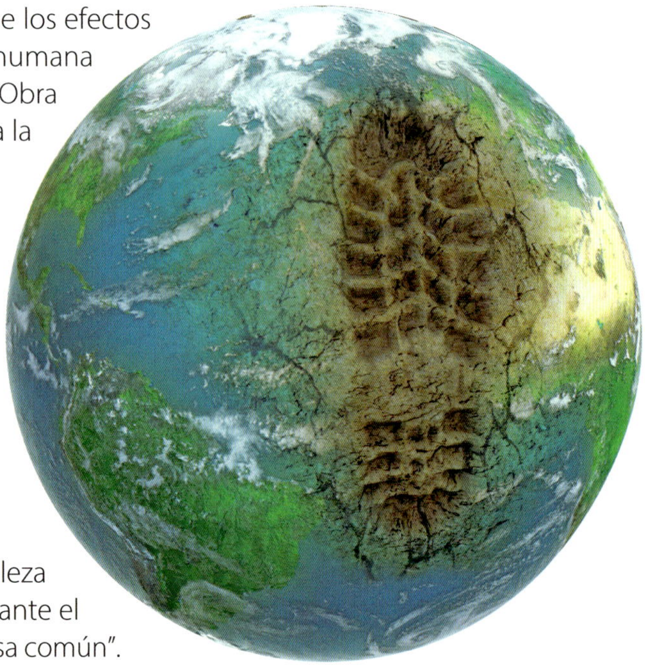

Nuestro planeta está siendo sometido, advierte el papa, a amenazas medioambientales sin precedentes, causadas por la intervención del ser humano, que está poniendo en serio peligro los ecosistemas y provocando muchas injusticias, es decir, causando la destrucción del legado de Dios. Hechos preocupantes son la deforestación, el cambio climático, la escasez de agua potable en algunos lugares, la acumulación de residuos, la desaparición de algunas especies o la sobreexplotación de los recursos naturales.

Como seres creados a imagen y semejanza de Dios, la tarea y la responsabilidad de las personas es cuidar de la creación, de ese mundo de belleza y armonía que él creó. Al no hacerlo, nos alejamos de Dios y del proyecto que tiene para el ser humano y el mundo.

Conceptos clave de la encíclica *Laudato si´*

- **Casa común:** la Tierra es la casa común de todos y, por ello, debemos contemplar de una forma diferente a las personas, los animales y la naturaleza, cuya finalidad no es la explotación, sino que contribuyan al bienestar de todos.
- **Ecología integral:** se refiere a un nuevo sentido de justicia, una ecología que integre el lugar que ocupa el ser humano en este mundo y sus relaciones con la realidad en que está inmerso (economía, política y cultura, e incluso cada momento de nuestra vida cotidiana).
- **Llamada al cambio personal en los estilos de vida:** es necesario que cada persona se responsabilice del cuidado de la Tierra y que se produzca un cambio de mentalidad que dé lugar a la práctica de hábitos de consumo responsables.

APLICAMOS

1 Copia y completa. **Las frases siguientes están tomadas de la encíclica *Laudato si´*, cópialas en tu cuaderno completándolas con las palabras propuestas. No puede sobrar ni faltar ninguna.**

cuidado • débil • integral • alegría • creador • amor • creado • dignidad • fe • residuos • casa porquería residuos • consumir • donada • utilitarista • individual • creación • dignidad • habitable • corazón consumir • cambio • poder • Tierra

– Cuanto más vacío está el ••••••• de una persona, más necesita objetos para •••••••.
– Si la Tierra no es ••••••••, ya no podemos pensar solo desde un criterio •••••••• de eficiencia y productividad para el beneficio ••••••••. La Tierra que recibimos pertenece a los que vendrán.
– El ••••••• no os abandona, nunca dio marcha atrás en su proyecto de ••••••••, no se arrepiente de habernos ••••••••.
– No somos Dios. La •••••••• nos precede y nos ha sido dada.
– Un •••••••••••• en los estilos de vida podría llegar a ejercer una sana presión en los que tienen •••••••• político, económico y social.
– Quienes se empeñan en la defensa de la •••••••••• de las personas pueden encontrar en la •••••••• cristiana los argumentos más profundos para ese compromiso.
– Se producen cientos de millones de toneladas de ••••••• por año. La Tierra, nuestra •••••••, parece convertirse, cada vez más, en un depósito de ••••••••.
– *Laudato si'*, cantaba san Francisco de Asís, es el ejemplo por excelencia del •••••••• de lo que es •••••••• y de una ecología ••••••••, vivida con •••••••• y autenticidad.
– La lógica del usar y tirar genera también •••••••• por el deseo desordenado de •••••••••• más de lo que realmente se necesita.
– ¿Qué tipo de mundo queremos dejar a quienes nos sucedan? Lo que está en juego es nuestra propia ••••••••. Somos nosotros los primeros interesados en dejar un planeta •••••••• para la humanidad que nos sucederá.

1 ¿Una sociedad sin culpa?

No podemos vivir de espaldas a la injusticia y el sufrimiento del que, sin darnos cuenta, somos también responsables.

Lo que hay detrás del teléfono móvil

El coltán es el petróleo del siglo XXI. Más de 40 000 niños en el Congo lo extraen. Muchos de ellos mueren en las minas y allí son abandonados. ¿Por qué medio mundo pelea por él en ese laboratorio infernal del Congo y en el otro medio asistimos impasibles a la catástrofe?

El escritor español Alberto Vázquez-Figueroa escribió: "Por cada kilo de coltán que se extrae mueren dos niños, pero si no nos llegara este producto los aviones no podrían despegar de nuestros aeropuertos, ni podríamos hablar gratis con nuestros familiares y amigos que viven en la otra parte del mundo por Skype. En nuestro mundo desarrollado hemos cometido tres grandes errores sobre nuestro futuro: dejarlo en manos de los banqueros, dejarlo en manos de los políticos, y dejarlo en manos de un puñado de niños esclavos que extraen coltán en lugares de África, donde hay guerras en las que, además, se utiliza para combatir. ¿Cómo es posible que basemos nuestro futuro en que un niño esté todo el día picando piedra en el Congo? Estamos locos".

1 Lee y responde.

- ¿Sabes lo que es el coltán y para que se utiliza? Investiga sobre ello. Cuenta cuántos productos tienes en tu casa que utilicen el coltán.
- ¿Quiénes crees que son los responsables de esta situación?
- ¿Qué sentimientos produce en ti conocer esta realidad?

Niños mineros extrayendo coltán y casiterita.

2 Conscientes

Los seres humanos somos conscientes de las consecuencias de nuestras acciones, nuestro cerebro las anticipa y nos previene.

VOCABULARIO

corteza prefrontal: es la parte anterior de los lóbulos frontales del cerebro y se ubica por delante de las áreas.
La actividad fundamental de esta región cerebral es la coordinación de pensamientos y acciones de acuerdo con metas internas. Está encargada de la capacidad para establecer distinciones entre pensamientos conflictivos, realizar juicios acerca del bien y del mal, predecir las consecuencias futuras de actividades actuales, trabajar conforme a metas determinadas de antemano, realizar predicciones de resultados, crear expectativas y ejercer el control social.

Pepito Grillo existe y está en nuestro cerebro

Una investigación realizada por la Universidad de Oxford ha querido demostrar que Pepito Grillo existe y se encuentra en nuestra corteza prefrontal anterior. Es exclusivo de los seres humanos. Llevaron a cabo este experimento: a unas personas las entrenaron para que conociesen el camino de un laberinto virtual. Después, escanearon sus cerebros mientras los participantes recorrían el laberinto. En este punto, los investigadores no esperaban una actividad en la corteza prefrontal anterior ya que las personas simplemente debían seguir el camino que ya conocían, recurriendo para ello a su memoria. Sin embargo, no fue así. Pudieron comprobar que algunas zonas de la **corteza prefrontal** anterior se activaban cuando las personas llegaban a un cruce de caminos en el laberinto. Es decir, aunque ya estaban familiarizadas con el camino que debían seguir, su cerebro se activaba en algunos puntos, como si estuviese sopesando otras opciones. Este estudio hizo saltar la alarma. ¿Por qué, si las personas ya conocían el camino, seguían valorando opciones? Se trata de un gran descubrimiento, porque tradicionalmente se ha pensado que el proceso de toma de decisiones sigue un camino más lineal. Es decir, creíamos que nuestro cerebro evaluaba todas las alternativas, sopesando pros y contras, tanto desde el punto de vista lógico como emocional, y que entonces elegía una alternativa. Después, y solo cuando las consecuencias no eran las esperadas, nos veíamos obligados a volver atrás y analizar otras opciones.

Sin embargo, según estos investigadores, nuestro cerebro se da cuenta de que no hemos tomado la mejor decisión antes de que lleguen las consecuencias, ya que este continuaría buscando alternativas mejores. Y después nos las hace saber.

Ver noticia completa: www.e-sm.net/sl343

1 **Repasa y responde.** Lee la información sobre cómo decide el cerebro y responde a estas cuestiones.

- ¿Qué es lo que más te ha llamado la atención del artículo?
- Recuerda alguna decisión que te haya resultado especialmente complicada. ¿Por qué era difícil?

I G 2 **Reflexionad y consensuad.** Tomad conciencia del proceso mental de vuestras decisiones y ponedlo en común.

- Enumerad los pasos que seguís cuando tenéis que tomar una decisión complicada. Por ejemplo: 1. Valoro las consecuencias de elegir una cosa u otra; 2. Pido consejo a mis amigos; 3. Compruebo que tengo los medios para llevar a término mi decisión, etc.

3 Cuidar la "casa común"

Todas nuestras decisiones, incluso las más insignificantes, están rodeadas de consecuencias que no siempre valoramos.

Una camiseta = 2000 litros de agua

La huella hídrica es un indicador medioambiental que define el volumen total de agua dulce utilizado para fabricar un producto. Una camiseta sencilla contiene unos 200 gramos de algodón, y para conseguirlos se necesitan 2000 litros de agua. Un vaquero requiere para su fabricación 10 850 litros de agua, según cálculos de la Water Footprint Network, y unas zapatillas de deporte, 4400 litros. Como poco, llevamos encima 17 250 litros de agua. Cada persona necesita para su uso y consumo un promedio de 1240 m^3 al año de agua potable.

www.e-sm.net/sl332

Presa en el río Guadalfeo, Granada

1 **Calcula y reflexiona.** Cuenta el número de camisetas y pantalones que hay en tu armario y calcula cuántos litros de agua requiere la fabricación de todas estas prendas.

- ¿Qué sentimientos produce esto en ti?
- ¿Sabes lo que es la huella hídrica? Calcula tu huella: www.e-sm.net/sl344
- ¿Qué podrías hacer para evitar este fenómeno?

Resumimos

es.smSiloe.com
RESUMO
Ruleta de palabras

1 ¿Una sociedad sin culpa?

- La sociedad actual rechaza el sentimiento de culpabilidad.
- Una sociedad "sin culpa" fomenta el individualismo, ignorando que estamos interconectados.
- La realidad nos muestra que en el mundo hay muchas situaciones de dolor, sufrimiento e injusticia.
- En nuestra sociedad, aquellos que no pueden participar de la cadena de consumo quedan excluidos.

es.smSiloe.com
ME AUTOEVALÚO
¿Qué he aprendido?

La ilusión de la omnipotencia humana que el progreso tecnológico parece inspirar, el impulso del mito de la eterna juventud, la ostentación del bienestar, la eficiencia y la productividad, únicos criterios de referencia social, conducen a una visión alienada y alienante del hombre y de la vida. En ella cualquier límite representa un "mal" por el simple hecho de que frena el camino hacia la libertad sin otras referencias que la afirmación de sí mismo contra todos y contra todo.

P. C. para la promoción de la nueva evangelización, *La confesión, el sacramento de la reconciliación*

2 Conscientes

- Todos los seres humanos actúan alguna vez de manera equivocada y experimentan el sentimiento de culpabilidad.
- Ese sentimiento supone reconocer con sinceridad y humildad la responsabilidad de nuestros actos.
- Con la conciencia, el ser humano sabe de sí y de las realidades que lo rodean, y en ella los creyentes se encuentran con Dios.
- La conciencia moral es la capacidad que tienen los seres humanos para decidir sus actos y hacerse responsables de estos, según la concepción que se tiene del bien y del mal.

Presente en el corazón de la persona, la conciencia moral le ordena, en el momento oportuno, practicar el bien y evitar el mal. Juzga también las opciones concretas aprobando las que son buenas y denunciando las que son malas.

CIC n.º 1777

3 Cuidar la "casa común"

- Desde la libertad que Dios otorga al ser humano este puede conservar o destruir la creación.
- En la encíclica *Laudato si´*, el papa Francisco urge a cuidar nuestra casa común.
- Se trata de comprometerse con una ecología integral que tenga en cuenta a las personas y a la naturaleza.

La destrucción del ambiente humano es algo muy serio, porque Dios no solo le encomendó el mundo al ser humano, sino que su propia vida es un don que debe ser protegido de diversas formas de degradación. Toda pretensión de cuidar y mejorar el mundo supone cambios profundos en los estilos de vida, los modelos de producción y de consumo, las estructuras consolidadas de poder que rigen hoy la sociedad.

PAPA FRANCISCO, *Laudato si´* n.º 5

EN LA CULTURA

El tema del sentimiento de culpa ha estado muy presente en la historia del arte a lo largo de todos los siglos, y ha sido representado de muchos modos.

- ¿Conoces algún cuadro o escultura que represente este tema? ¿Quién es su autor y dónde se encuentra?
- Investiga, a través de su página web, si en el Museo del Prado hay algún cuadro que represente el tema de la culpa y el pecado.
- ¿Qué sentimientos producen en ti estas representaciones?

Cecilia Paredes, *La culpa*

La escultora peruana Cecilia Paredes, nacida en 1950, es una artista multimedia que reside en Filadelfia (EE. UU.). En sus proyectos combina elementos de distintas artes. Representa temas universales relacionados con la naturaleza y el ser humano. En su obra *La culpa* (2010-2015) utiliza como material la resina. Con un sorprendente juego de luces y mediante un cuerpo humano arqueado expresa la enorme tensión que genera el sentimiento de culpa.

[APLICAMOS]

Reflexionad y cread. **Cecilia paredes combina la resina y los juegos de luces para representar la culpa. ¿Qué elementos utilizaríais vosotros para representarla?**

- Haced una lista de todos los elementos que se os ocurran.
- Seleccionad algunos y combinadlos en una creación artística colectiva que represente la culpa. Podéis emplear cualquier técnica (pintura, escultura, modelado, *collage*, digital, etc.).

La torre de Babel o el orgullo humano

En muchos relatos del Génesis se utiliza el género literario etiológico. Con él se pretende explicar el origen de una cosa, institución, costumbre, lugar o nombre.
El texto de la torre de Babel pertenece a este género y quiere comunicar la perspectiva de Dios sobre el orgullo de los seres humanos, un orgullo que genera división y los aleja de él.

GÉNESIS 11,1-9

La torre de Babel

Toda la tierra hablaba una misma lengua con las mismas palabras. Al emigrar los hombres desde Oriente, encontraron una llanura en la tierra de Senaar y se establecieron allí.
Se dijeron unos a otros:
1 *—Vamos a preparar ladrillos y a cocerlos*
al fuego.
Y emplearon ladrillos en vez de piedras, y alquitrán en vez de argamasa. Después dijeron:
—Vamos a construir una ciudad y
2 *una torre que alcance el cielo, para*
3 *hacernos un nombre, no sea que nos*
dispersemos por la superficie de la tierra.
4 *El Señor bajó a ver la ciudad y la torre que*
estaban construyendo los hombres.
Y el Señor dijo:

1 Ladrillos

El texto habla de "ladrillos" y "alquitrán" para construir la torre, en vez de "piedras" y "argamasa". Esa era la forma de construir en Mesopotamia, donde palacios y templos estaban levantados mayoritariamente con esos materiales.

Ruinas del palacio de Ishtar
Antigua Babilonia (Irak)

2 Una torre

Nada se dice de la forma de la torre que se pretende edificar. Por las influencias mesopotámicas del texto, es muy posible que se esté pensando en un zigurat, que eran torres escalonadas con fines litúrgicos. Aunque no es propiamente un zigurat, para hacerse una idea de cómo eran esas torres se puede recurrir a la pirámide escalonada de Saqqara, en Egipto.

3 Hacernos un nombre

La pretensión del ser humano de querer "alcanzar el cielo", es decir, de llegar hasta Dios y ocupar su lugar, se expresa también en el "hacerse un nombre", o lo que es lo mismo, alcanzar fama o tener la máxima celebridad. Este orgullo es fruto de no escuchar, de manipular; y es lo que mueve a dominar. Entonces surge la división entre las personas y los pueblos.

El rascacielos más alto del mundo es el Burj Khalifa. Está en Dubai y mide 828 m de altura. La montaña más alta, con 8848 m, es el Everest.

—Puesto que son un solo pueblo con
5 *una sola lengua y esto no es más que el comienzo de su actividad, ahora nada de lo que decidan hacer les resultará imposible. Bajemos, pues, y confundamos allí su lengua, de modo que ninguno entienda la lengua del prójimo.*
El Señor los dispersó de allí por la superficie de la tierra y cesaron de construir la ciudad. Por
6 *eso se llama Babel, porque allí confundió el Señor la lengua de toda la tierra, y desde allí los dispersó el Señor por la superficie de la tierra.*

La torre Pelli, en Sevilla mide 180 m. La montaña más alta en territorio español es el Teide, con 3718 m.

4 El Señor bajó

Técnicamente, esta expresión es un antropomorfismo, es decir, una forma de hablar de Dios atribuyéndole propiedades o características humanas. Evidentemente, Dios no tiene que bajar a ningún sitio para ver lo que hacen las personas, pero de esta manera se pone de relieve la insensatez y la soberbia que están detrás de la pretensión de "alcanzar el cielo".

5 Una sola lengua

Los rabinos –los antiguos maestros judíos– se basaron en esta expresión para deducir que esa lengua única que se hablaba en Babel era el hebreo. Lo hacían basándose en el valor numérico de las letras de las expresiones "una sola lengua" y "lengua del santuario" –que era como se denominaba al hebreo–. En el alfabeto hebreo las letras tenían valor numérico, por eso establecían esos juegos de palabras.

6 Babel

En el texto se hace un juego de palabras entre el término *Babel* –que alude a Babilonia– y el verbo hebreo *balal*, que significa 'confundir'. Probablemente hay aquí una crítica al poder del Imperio babilónico, que pretendía ser el centro del mundo.

[APLICAMOS]

Investiga. Muchos edificios se han hecho en la historia para engrandecer el "nombre" de quien los ha promovido.

- Investiga estos edificios: rascacielos, monumentos, etc.
- ¿Son ahora reconocidos como la realización de una persona para que le otorgue grandeza?
- Pon el ejemplo de un gran edificio o una gran construcción que sirva para unir a las personas (p. ej., grandes túneles, canales, etc.).

Arco de Triunfo de Constantino

BLOQUE 3

Jesucristo, cumplimiento de la Historia de la Salvación

5 Encuentros que transforman

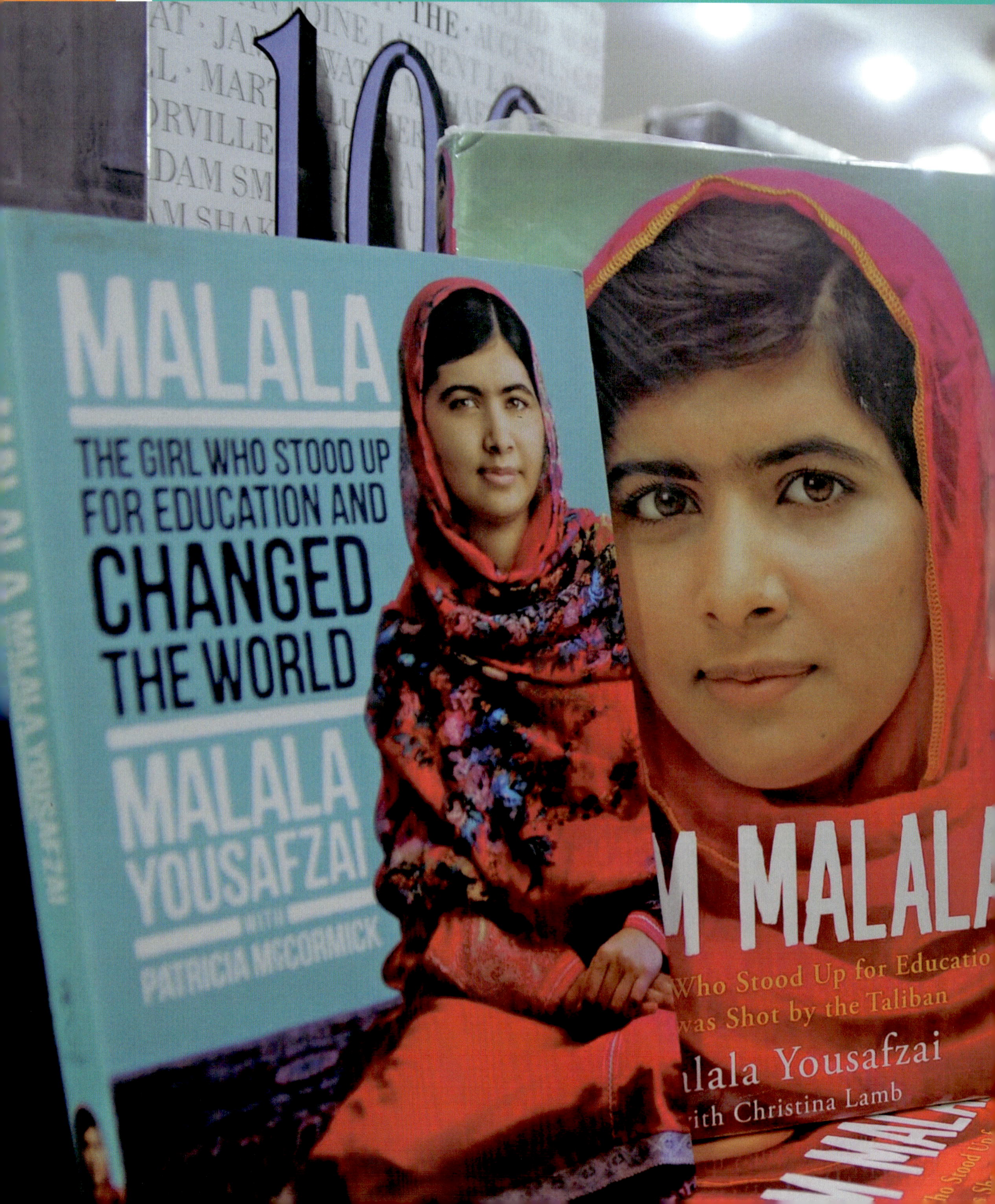

Aunque pasamos la vida relacionándonos con muchas personas, hay encuentros que son especiales. Son aquellas ocasiones en las que nos cruzamos con alguien que transforma nuestra vida y nuestro modo de entender el mundo.

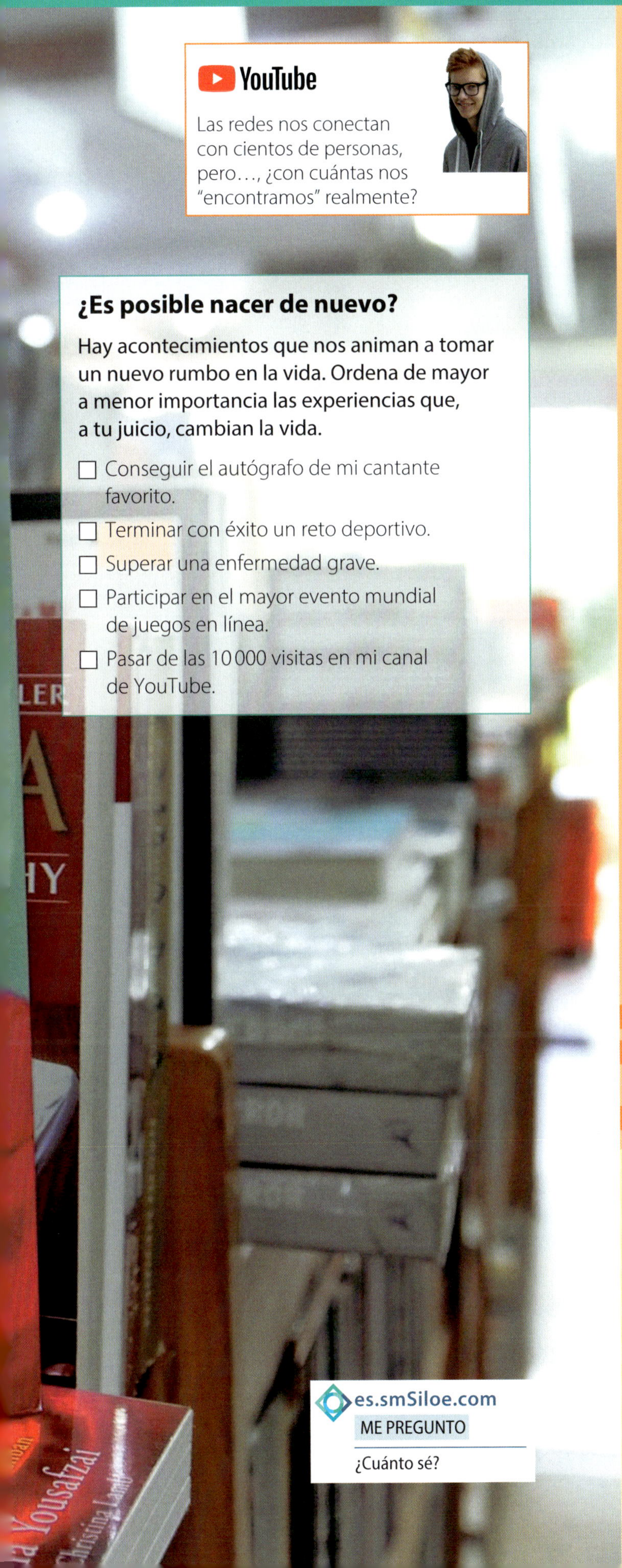

YouTube

Las redes nos conectan con cientos de personas, pero…, ¿con cuántas nos "encontramos" realmente?

¿Es posible nacer de nuevo?

Hay acontecimientos que nos animan a tomar un nuevo rumbo en la vida. Ordena de mayor a menor importancia las experiencias que, a tu juicio, cambian la vida.

- ☐ Conseguir el autógrafo de mi cantante favorito.
- ☐ Terminar con éxito un reto deportivo.
- ☐ Superar una enfermedad grave.
- ☐ Participar en el mayor evento mundial de juegos en línea.
- ☐ Pasar de las 10 000 visitas en mi canal de YouTube.

es.smSiloe.com
ME PREGUNTO
¿Cuánto sé?

PARA EMPEZAR...

Educación frente a balas

El 9 de octubre de 2012, los talibanes me dispararon en la cabeza. Dispararon también a mis amigos, pensaron que con sus balas nos callarían para siempre, pero fracasaron. De ese silencio surgieron miles de voces, los terroristas pensaron que cambiarían mis objetivos y detendrían mis ambiciones, pero nada ha cambiado en mi vida, excepto esto: la debilidad, el miedo, la desesperanza murieron para siempre, nacieron la fuerza, el poder y el coraje. […] Quiero educación para los hijos e hijas de los talibanes y para los hijos de los terroristas extremistas. Ni siquiera odio al talibán que me disparó. Incluso si tuviera un arma en la mano y estuviera frente a mí, yo no le dispararía. Esta es la compasión que he aprendido de Mahoma, el profeta de la misericordia, Jesucristo y Buda.

Malala Yousafzai, *Discurso en la sede de Naciones Unidas el día de su 16.º cumpleaños*

www.e.sm.net/sl351

Malala Yousafzai es una niña paquistaní que, con solo 13 años, ya escribía un blog donde contaba cómo los talibanes prohibían a las niñas ir al colegio. En 2012 sufrió un atentado en el que estuvo a punto de perder la vida. En 2014 recibió el Premio Nobel de la Paz.

1 ¿De qué forma crees que el atentado cambió a Malala?

2 ¿Qué referentes utiliza para justificar la compasión que siente ante sus agresores?

3 ¿Crees que Malala ha "vuelto a nacer"? ¿Por qué?

APRENDERÁS...

- Que el encuentro con Cristo cambia la forma de comprender la vida.
- Cómo fueron algunos de los encuentros con Jesús relatados en los evangelios.
- A valorar las opciones de vida que algunas personas toman al encontrarse con Jesús.
- A identificar los ámbitos y experiencias que favorecen el encuentro con Jesucristo.

1 Una vida de encuentros

NOS ACTIVAMOS

Lee y contesta. En ocasiones, encontrarse con la cruda realidad cambia la vida.

Una decisión radical

Jaume Sanllorente era un periodista con una vida acomodada. Decidió hacer un viaje por placer a la India. La primera noche salió a pasear y se encontró con unos niños comiendo un perro muerto. En otro viaje visitó un orfanato y descubrió que 40 niños podían acabar en manos de las mafias. Entonces tomó una decisión: "Volví a Barcelona, vendí mi piso, dejé mi trabajo y decidí crear una ONG (Sonrisas de Bombay) para protegerlos. Y de esos 40 niños, en nueve años, hemos pasado a ayudar a 5000 personas".

- ¿Qué es lo que hace que Jaume Sanllorente cambie su vida?
- ¿Conoces algún caso similar en el que el encuentro con una realidad dura lleve a cambiar de vida?

COMPRENDEMOS

Encontrarse con la vida

La tradición cuenta que Siddharta Gautama, también conocido como Buda, inició su camino de iluminación a partir de su encuentro con las realidades de la vejez, la enfermedad y la muerte.

El príncipe Siddharta nunca había salido del palacio donde gozaba de una vida feliz sin sobresaltos. Un día, desobedeciendo la prohibición paterna, decide salir para conocer el mundo. Lo primero que ve es un anciano débil; luego, un enfermo temblando en el suelo; por último, una comitiva transportando un cadáver. El encuentro con estas tres realidades, desconocidas para él, le conmociona de tal manera que decide abandonar para siempre el palacio e iniciar un camino de búsqueda.

Siddharta se encuentra las mismas realidades con las que nos vemos confrontados todos los seres humanos y ante las que tenemos que buscar nuestras propias respuestas.

Vivir es encontrarse

Encontrar referentes

En la configuración de nuestra identidad y en la búsqueda de respuestas ante las realidades que vamos descubriendo en la vida, solemos buscar el apoyo de personas cercanas que se presentan como referentes o modelos.

A diferencia de los niños, que encuentran sus modelos de conducta e identidad en padres, familiares y docentes, la adolescencia busca sus referentes entre personas de su misma generación. Porque a los adolescentes y jóvenes les gusta pasar el tiempo con sus amigos, escuchar música, probarse ropa, ver películas… Ya que comparten las mismas inquietudes, las mismas dificultades y las mismas búsquedas. Esto hace que los adolescentes busquen sus propios modelos.

Ser "como"

Cantantes, deportistas, *youtubers*, etc., se presentan como modelos. Muchos adolescentes se visten como sus ídolos, imitan sus gestos y hasta repiten sus ideas.

En el proceso de construir la identidad podemos encontrarnos con dos tipos de personas: las que acogen incondicionalmente, como los verdaderos amigos; y los modelos que admiramos y que animan a avanzar hacia una vida lograda. Pero no todos los modelos ayudan a formarse una personalidad propia e independiente. Los modelos sanos no pretenden que se reproduzcan sus acciones y creencias, es decir, no quieren que sus admiradores se conviertan en sus clones. Aunque se pase por etapas de imitación, los modelos sanos ofrecen el testimonio de sus decisiones vitales para que aquellas personas que los consideran referentes puedan, a su vez, elegir por su cuenta.

APLICAMOS

1 **Relaciona** los contenidos de estas dos páginas con lo que dijo John Nash, matemático y enfermo de esquizofrenia, al recibir el Premio Nobel de Economía:

> Siempre he creído en los números, en las ecuaciones y la lógica, que llevan a la razón. Pero, después de una vida de búsqueda, me digo: ¿qué es la lógica?, ¿quién decide la razón? He buscado a través de lo físico, lo metafísico, lo delirante, [...] y vuelta a empezar. Y he hecho el descubrimiento más importante de mi carrera, el más importante de mi vida. Solo en las misteriosas ecuaciones del amor puede encontrarse alguna lógica. [Dirigiéndose a su esposa]: Estoy aquí esta noche gracias a ti. Tú eres mi única razón de ser. Eres todas mis razones.
>
> Extraído de la película *Una mente maravillosa*, basada en la vida de JOHN NASH

2 **Reflexiona y contesta.** En la película *Mejor... Imposible*, un escritor padece un trastorno que le impide relacionarse con normalidad con los demás, excepto con la camarera que le atiende diariamente en el restaurante al que acude a comer. El encuentro con ella le cambia, y él, enamorado, le acaba diciendo: "Tú haces que yo quiera ser mejor persona".

- Piensa en personas con las que mantengas una relación muy importante para ti. Escribe el nombre de aquellas a las que les dirías "tú haces que yo quiera ser mejor".
- ¿Qué tienen esas personas y qué hay en la relación con ellas para que te apetezca decirles esta frase?
- Algunos piensan que estas frases solo se pueden decir entre enamorados. ¿Tú qué opinas?

3 **Analiza** las siguientes relaciones completando en tu cuaderno esta tabla.

- ¿Hay en alguna de estas relaciones la existencia de modelos sanos? ¿Por qué?

La relación	¿Es cercana?	¿Es atractiva?	¿Es respetuosa?	¿Hay referente?
Abuelo y nieto jugando en el parque	•••••••	•••••••	•••••••	•••••••
Los amigos con los que quiero estar	•••••••	•••••••	•••••••	•••••••
Un desconocido por Instagram	•••••••	•••••••	•••••••	•••••••

2 El encuentro con Jesús

NOS ACTIVAMOS

Recordad a los maestros que habéis tenido, ¿alguno os ha dejado una huella especial?

El mejor profesor de mi vida

Joaquín Plans fue mi profesor de Física. Recuerdo su primera clase como si el tiempo se estuviera rebobinando cada día. Fue abrir la boca y darme cuenta de que nunca había tenido un profesor así. Cuando te hacía una pregunta desconcertante y la contestabas, su emoción era extraordinaria y contagiosa. Más de una vez replicaba admirado: "Increíble, ¿cómo lo has sabido?". Y por un momento uno se sentía Newton, Bohr, Planck y Einstein, todos ellos juntos. Fue el profesor de mi vida.

www.e-sm.net/sl352

- ¿Habéis tenido algún profesor como Joaquín Plans? ¿Qué asignatura impartía? ¿Qué es lo que más te impresionaba?
- ¿Alguna persona os ha hecho sentir alguna vez como un Einstein?

COMPRENDEMOS

Jesús sale al encuentro

El Nuevo Testamento narra diferentes episodios en los que hombres y mujeres tuvieron un encuentro especial con Jesús. Son encuentros que transformaron sus vidas y les señalaron un nuevo camino.

El Evangelio según san Juan recoge el encuentro de Jesús con una samaritana; un encuentro sorprendente, pues los varones judíos no se relacionaban con una mujer en público, y menos tratándose de una habitante de Samaría. El encuentro termina con el testimonio de fe de la mujer samaritana (*cf.* Jn 4,5-30).

En el Evangelio según san Lucas, Jesús se encuentra con Zaqueo, un cobrador de impuestos mal visto por el pueblo; el encuentro lo reconcilia con su identidad como hijo de Abrahán y lo lleva a repartir sus bienes con los pobres (*cf.* Lc 19,1-10).

Simón, Andrés, Santiago y Juan son los primeros discípulos, pescadores a los que Jesús llama para que se unan a su persona y a su causa (*cf.* Mt 4,18-20). También para estos hombres, el encuentro con Jesús transformó radicalmente sus vidas.

Características del encuentro con Jesús

Todo encuentro con Jesús se caracteriza por una serie de elementos comunes, que se pueden identificar en los relatos que nos presentan los evangelios:

- La iniciativa es de Jesús. Él se hace el encontradizo, propicia el encuentro.
- Se establece una cercanía desde el corazón. Jesús se muestra siempre cercano y acogedor con la realidad de la persona.
- Hay una invitación de Jesús a seguirle.
- La relación reclama una respuesta personal.
- Se produce una transformación en la vida de la persona.

Jesús y la samaritana, icono. Tiflis (Georgia)

La propuesta de Jesús: nacer de nuevo

En otro de los encuentros que cuentan los evangelios, el de Jesús con Nicodemo, Jesús dirá que la persona es llamada a "nacer de nuevo" (Jn 3,3), es decir, a "nacer del agua y del espíritu" (Jn 3,5).

Nacer de nuevo significa ser renovado interiormente, cambiar la manera de vivir y actuar siguiendo el modelo propuesto por Jesús: luchar contra todo aquello que aleja del amor a Dios, a uno mismo y a los demás.

Todo encuentro verdadero con Jesús tiene el mismo efecto: transforma a la persona.

La respuesta a Jesús: la fe y la acción

Como consecuencia de este encuentro, la persona hace de Jesús su camino para encontrar la felicidad, para llenar de sentido su existencia. A partir de ese momento, la persona transformada por el encuentro:

- Vive desde la fe, en una relación personal con Jesús basada en la libertad y la confianza.
- Comunica la buena noticia que supone para ella esta relación. Es vivida con una alegría tan grande que necesita compartirse con los demás.
- Actúa movida por los valores del reino, que Jesús puso en práctica.

APLICAMOS

1 Lee y ordena. Busca en la Biblia los siguientes pasajes evangélicos de encuentros con Jesús y completa la tabla en tu cuaderno.

Personaje bíblico	Contexto en el que se da el encuentro (lugar, personas, tiempo)	Circunstancias de la persona	Actitud de Jesús	¿Qué ocurre después del encuentro?
Zaqueo (Lc 19,1-10)	● ● ● ● ● ● ● ● ● ● ● ● ● ● ●	● ● ● ● ● ● ●	● ● ● ● ● ●	● ● ● ● ● ● ● ● ●
Ciego Bartimeo (Mc 10,46-52)	● ● ● ● ● ● ● ● ● ● ● ● ● ● ●	● ● ● ● ● ● ●	● ● ● ● ● ●	● ● ● ● ● ● ● ● ●
Mujer pecadora (Jn 8,1-10)	● ● ● ● ● ● ● ● ● ● ● ● ● ● ●	● ● ● ● ● ● ●	● ● ● ● ● ●	● ● ● ● ● ● ● ● ●

2 Ponte en su lugar e imagina. En el encuentro entre Jesús y el jefe judío Nicodemo, surge la cuestión sobre la posibilidad de "nacer de nuevo". Lee el pasaje y haz una lista en tu cuaderno de las cosas que harías si pudieses nacer de nuevo.

Jesús le contestó: "En verdad, en verdad te digo: el que no nazca de nuevo no puede ver el reino de Dios". Nicodemo le pregunta: "¿Cómo puede nacer un hombre siendo viejo? ¿Acaso puede por segunda vez entrar en el vientre de su madre y nacer?". Jesús le contestó: "En verdad te digo, el que no nazca del agua y de Espíritu no puede entrar en el reino de Dios".

Jn 3,3-4

- Si pudiese nacer de nuevo, yo...

3 Encontrarse con Jesús, hoy

NOS ACTIVAMOS

Escucha y responde. Bono, cantante del grupo U2, ha manifestado muchas veces su fe cristiana. Escucha y lee la letra de la canción *The miracle*.

Estaba localizando los días de miedo / Persiguiendo un sueño antes de que desapareciera / Me dolía estar en algún lugar cercano / Su voz era todo lo que escuchaba / Yo temblaba por una tormenta en mi interior / Atormentado por los fantasmas que tuvimos que ver / Sí, yo quería ser la melodía / Por encima del ruido, por encima de la herida.
Yo era joven / No tonto / Solo deseaba ser cegado / por ti / Sin estrenar / Y éramos peregrinos en el camino.
Me desperté en el momento en que ocurrió el milagro / Oí una canción que tenía cierto sentido fuera del mundo / Todo lo que he perdido ahora ha regresado / En el sonido más hermoso que había oído nunca.

www.e-sm.net/sl353

- ¿De qué experiencia habla Bono en esta canción?
- ¿Conoces otros cantantes que hablen de su experiencia cristiana? ¿Qué mensajes transmiten en sus canciones?

COMPRENDEMOS

El encuentro con Jesús resucitado, Pablo de Tarso

La mujer samaritana, Zaqueo, Nicodemo, Simón y Andrés se encontraron con el Jesús histórico en la Palestina del siglo I. Pero además, en los dos mil años posteriores a la resurrección, muchas personas aseguran que se siguen encontrando con Jesús resucitado.

El caso de Pablo de Tarso es ejemplar. Judío de nacimiento y estricto cumplidor de la Ley judía, Pablo participó activamente en la persecución de los primeros cristianos hasta el momento en el que, camino de Damasco, Jesús resucitado le salió al encuentro. Tan intensa fue esa experiencia para él que desde entonces se sintió llamado como apóstol a proclamar el evangelio a los gentiles, es decir, a todos aquellos que no provenían del mundo judío. El libro de los Hechos de los Apóstoles narra el encuentro de Pablo con Jesús resucitado:

Entre tanto, Saulo, que seguía amenazando de muerte a los discípulos del Señor, se presentó al sumo sacerdote y le pidió cartas para las sinagogas de Damasco, con el fin de llevar encadenados a Jerusalén a cuantos seguidores de este camino, hombres o mujeres, encontrara. Cuando estaba ya cerca de Damasco, de repente lo envolvió un resplandor del cielo, cayó a tierra y oyó una voz que decía:
—Saúl, Saúl, ¿por qué me persigues?
Saulo preguntó:
—¿Quién eres, Señor?
La voz respondió:
—Yo soy Jesús, a quien tú persigues. Levántate, entra en la ciudad y allí te dirán lo que debes hacer.
Los hombres que lo acompañaban se detuvieron atónitos; oían la voz, pero no veían a nadie. Saulo se levantó del suelo, pero, aunque tenía los ojos abiertos, no veía nada; así que lo llevaron de la mano y lo introdujeron en Damasco, donde estuvo tres días sin ver y sin comer ni beber.

Hch 9,1-9

PEDRO DUQUE CORNEJO, *San Pablo*, iglesia Nuestra Señora de las Angustias, Granada

Según testimonia la vida de Pablo, el seguimiento de Jesús es entrar en una íntima comunión con Jesús resucitado gracias al Espíritu Santo. Esto es más profundo que imitarle o admirar sus enseñanzas, ya que es dejarse cautivar por alguien que está vivo, adherirse a su persona y, como fruto de ello, vivir las actitudes y compromisos que él vivió.

El discípulo sigue a Jesús no por la adhesión a unas ideas, sino por un encuentro que le marca de tal modo que da un nuevo sentido a la vida. El cristiano es aquel que ha tenido un encuentro personal con Jesús.

Un encuentro

No se comienza a ser cristiano por una decisión ética o una gran idea, sino por el encuentro con un acontecimiento, con una persona, que da un nuevo horizonte a la vida y, con ello, una orientación decisiva.

Papa Benedicto XVI, *Deus caritas est*, n.º 1

Dios sigue saliendo al encuentro del ser humano

Algunas personas, en su búsqueda de la felicidad plena en este mundo, experimentan que nada las llena por completo. Pero hay quienes, incluso desde la increencia o el ateísmo, han tenido encuentros que han transformado sus vidas. Estos encuentros poseen elementos comunes: son inesperados; Dios tiene la iniciativa; se producen, especialmente, a través de experiencias de sufrimiento, o por contacto con personas entregadas a Dios; tienen como consecuencia el deseo de mantener la relación personal con Dios; y producen un profundo cambio de vida.

Los creyentes consideran que la plenitud solo puede ser alcanzada con la presencia de Dios, que ha creado al ser humano por amor y que se hace presente en la vida de las personas.

APLICAMOS

1 **Lee y relaciona.** André Frossard fue un escritor y periodista francés. Educado en un ambiente totalmente ateo, su ideología se basaba en la creencia en la ciencia y en el socialismo. Con 18 años se hizo amigo de Willemin, que había recuperado la fe. Ambos intentan llevar al otro hacia su ideología. Un día, yendo los dos juntos, sucedió que Willemin le pidió a André que le esperase mientras entraba en una iglesia en París. André, cansado de esperar, entró a buscar a su amigo y él mismo relata lo que ocurrió. Lee su experiencia.

> Habiendo entrado, a las cinco y diez de la tarde, en una capilla del Barrio Latino en busca de un amigo, salí a las cinco y cuarto en compañía de una amistad que no era la de la Tierra.
> Habiendo entrado allí escéptico y ateo de extrema izquierda, y aún más que escéptico y todavía más que ateo, indiferente y ocupado en cosas muy distintas a un Dios que ni siquiera tenía intención de negar [...] volví a salir, algunos minutos más tarde, "católico, apostólico, romano", llevado, alzado, recogido y arrollado por la ola de una alegría inagotable.
>
> André Frossard, *Dios existe. Yo me lo encontré.* Editorial Rialp (2016)

- ¿Qué relaciones encuentras entre la experiencia de André Frossard y la de Pablo de Tarso? Elabora una tabla y compáralas en tu cuaderno.

Pablo de Tarso	André Frossard
....	....
....	....
....	....
....	....

2 **Descifra y aplica.**

> *Ne seas vesetres les qiu mu hobúas ulugade, sey ye quaen es hu ulugade y es hu dustanode poro qau voyóas y duas frite.*
>
> Jn 15,16

- Descifra este texto sabiendo que las vocales están intercambiadas.
- ¿Qué característica fundamental de todo proceso de encuentro con Dios indica?
- Elige alguno de los testimonios de esta unidad en el que se reconozca la experiencia de la frase oculta. Indica cómo ocurre.

1 Una vida de encuentros

A lo largo de la vida nos encontramos con muchas personas. Muchos de esos encuentros caerán en el olvido, pero otros nos dejarán una huella imborrable.

1 **Opina.** En internet y en las redes sociales, muchas personas se presentan como modelos de vida. ¿Sigues a algún famoso? ¿A cuál? ¿A qué aspectos de tu vida afecta ese encuentro virtual?

Star system

En su origen, fue un sistema empleado por Hollywood para convertir a algunos de sus actores y actrices en ídolos y garantizar así su éxito. En la actualidad, con el mundo digital, este fenómeno se ha disparado, creando los llamados *influencers*, dentro de los cuales estarían los *youtubers*, *blogueros* e *instagrammers*. Estos ídolos digitales han marcado una nueva manera de medir la popularidad. Ahora las cifras clave son el número de seguidores, los "me gusta" y las visualizaciones.

Web celebrity

Es alguien que se ha hecho famoso a través de internet. La rapidez en el ascenso a la fama es igual para descender. Además, estas *celebrities* suponen un riesgo digital, porque los *hackers* aprovechan los millones de seguidores de estos famosos para atacar los ordenadores.

Fenómeno fan

Se llama así al comportamiento que desarrollan algunas personas que consideran a alguien un ídolo, una persona a la que adoran y que llega a influir en su vida y en sus comportamientos. El grupo de seguidores crea un *fandom*. Hoy día, los medios de comunicación contribuyen a la creación de estos ídolos.

2 El encuentro con Jesús

Los encuentros con Jesús transforman a las personas y las convierten en discípulos y seguidores de su misión.

1 **Analiza.** Lee el texto en el que la madre Teresa de Calcuta describe sus encuentros con el Señor y responde en tu cuaderno.

Te he encontrado en tantos lugares, Señor. He sentido el latido de tu corazón en la perfecta quietud de los vastos campos, en el tabernáculo oscuro de una catedral vacía, en la unidad de corazón y de mente de una asamblea de personas que te quieren y llenan las arquivoltas de tu iglesia de cantos y de amor. Te he encontrado en la alegría, donde te busco y a menudo te encuentro. Pero, siempre, te encuentro en el sufrimiento.

El sufrimiento de todo tipo es como el repique de campanas que llama a la esposa de Dios a la oración. Cuando aparece la sombra de la cruz, el alma se fortalece en su interior y, olvidando el sonido de las campanas, te ve y habla contigo. Eres tú quien vienes a mí y yo te respondo: "Aquí estoy, Señor, te he esperado, te he deseado ardientemente". En este encuentro, el alma ya no siente el sufrimiento, sino que tiene la impresión de ser arrebatada en el éxtasis de tu amor, completamente repleta de ti, poseída por ti.

Yo en ti y tú en mí para que podamos ser una cosa sola. Entonces, otra vez, abro los ojos a la vida, una vida menos cruda ahora que me has hecho definitivamente fuerte para seguir tu vía. Señor, te he encontrado en la terrible grandeza del sufrimiento de los demás. Te he visto en la sublime aceptación y en la inexplicable alegría de aquellos cuya vida es atormentada por el dolor, y he oído tu voz en las palabras de aquellos cuya agonía personal aumenta misteriosamente la desinteresada solicitud hacia los demás. Pero, en mis pequeños males y en mis banales disgustos no he podido encontrarte. [...] Señor, yo creo. Ayuda a mi poca fe.

- ¿Dónde encuentra la madre Teresa de Calcuta a Dios? Subraya los lugares en el texto.
- De todos los lugares en los que la madre Teresa de Calcuta encuentra a Dios, ¿cuál destaca? ¿Por qué crees que aquí encuentra especialmente a Dios?
- Señala los efectos que tiene el encuentro de la madre Teresa de Calcuta con Dios en:
  - Su fe.
  - Su actividad en la vida.
  - Su visión del dolor.

3 Encontrarse con Jesús, hoy

Hoy hay personas que siguen encontrándose con Jesús y entregando sus vidas a la causa del reino.

1 Lee y reflexiona. Lee el testimonio de Virginia y Juan Carlos, matrimonio madrileño misionero en Brasil.

¿Cuándo empezó vuestra inquietud misionera?
Virginia: Nosotros llevamos como misioneros laicos desde el año 1999, siempre por períodos cortos. Hemos estado en Honduras, Bolivia, Mozambique y Guinea Ecuatorial. Nos conocimos formándonos para esto y poco a poco nació nuestra vocación como familia misionera.

¿Es una vocación?
Juan Carlos: Sí, nosotros nos sentimos llamados a compartir nuestra fe como matrimonio y como misioneros. Es una riqueza poder llevar lo que hemos recibido gratis y transmitir el evangelio a tantas personas que aún no conocen a Jesús.

Lo vuestro es algo excepcional, pero ¿creéis que se puede ser familia misionera también en Madrid?
V.: Salir hacia fuera, salir hacia los demás nos enriquece también como familia. Muchas veces vivimos solo para nosotros y vivimos nuestra fe para que todo nos vaya bien, pero la vida crece cuando te das a los demás. También en Madrid hay mucha misión, y siempre podemos hacer más de lo que hacemos, en nuestro

trabajo, en nuestra manera de vivir y en cualquier sitio donde estemos.

¿No tenéis miedo al futuro, a qué pasará cuando volváis?
J. C.: Ese miedo te entra cuando estás aquí, pero desaparece cuando estás allí. Nosotros hemos renunciado al trabajo, no sabes cómo te va a ir ni qué va a pasar cuando vuelvas, pero eso también es vivir el evangelio: si Dios da el alimento a los pájaros, ¿cómo no nos va a ayudar a nosotros? Además, en la misión te das cuenta de que no necesitas tanto para vivir.

www.e-sm.net/sl354

- ¿Qué es lo que más llama la atención de su manera de entender la vida?
- ¿Crees que su opción misionera puede entenderse sin su experiencia de fe?

Resumimos

es.smSiloe.com
RESUMO
Ruleta de palabras

1 Una vida de encuentros

- Todo ser humano experimenta la importancia de encontrarse con otras personas. Algunos encuentros transforman la vida.
- En la construcción de nuestra identidad buscamos referentes y modelos.
- Los modelos sanos nos ayudan a formar una personalidad propia e independiente.

es.smSiloe.com
ME AUTOEVALÚO
¿Qué he aprendido?

> Necesitamos edificar, crear, construir, una cultura del encuentro. Tantos desencuentros, líos en la familia, ¡siempre! Líos en el barrio, líos en el trabajo, líos en todos lados. Y los desencuentros no ayudan. La cultura del encuentro. Salir a encontrarnos. Y el lema dice "Encontrarnos con los más necesitados", es decir, con aquellos que necesitan más que yo.
>
> PAPA FRANCISCO, *videomensaje a los fieles reunidos en el santuario de san Cayetano, en Buenos Aires (2013)*

2 El encuentro con Jesús

- En el Nuevo Testamento encontramos ejemplos de encuentros transformadores con Jesús, es el caso de la samaritana, el de Nicodemo, o el de los discípulos de Zaqueo.
- Estos encuentros tienen una serie de características comunes: la iniciativa sale de Dios, es un encuentro cercano y desde el corazón de la persona, hay una invitación para seguir a Jesús, la respuesta a esa invitación es personal, y quien vive el encuentro experimenta una transformación en su vida.
- El encuentro con Jesús es expansivo, busca comunicarse a los demás.

> La sangre y el agua que brotaron del costado traspasado de Jesús crucificado (*cf.* Jn 19,34) son figuras del bautismo y de la eucaristía, sacramentos de la vida nueva (*cf.* Jn 5,6-8): desde entonces, es posible "nacer del agua y del Espíritu" para entrar en el reino de Dios (Jn 3,5).
>
> CIC. n.º 1225

3 Encontrarse con Jesús, hoy

- Pablo de Tarso se encontró con Jesús resucitado y se convirtió en apóstol para los gentiles.
- Muchas personas siguen encontrándose hoy con Jesucristo.
- Ser cristiano no es una decisión ética ni voluntarista: se llega a ser cristiano por el encuentro con la persona de Cristo.

> La alegría del evangelio llena el corazón y la vida entera de los que se encuentran con Jesús. Quienes se dejan salvar por él son liberados del pecado, de la tristeza, del vacío interior, del aislamiento. Con Jesucristo siempre nace y renace la alegría.
>
> PAPA FRANCISCO, *EG.*, n.º 1

EN LA CULTURA

Tras una intensa experiencia interior, algunas personas, hasta entonces alejadas de la religión, empiezan a preguntarse por la fe y sienten la presencia de Dios en sus vidas; son los conversos.

- ¿Conoces a alguien que haya descubierto la fe siendo ya adulto?
- ¿Qué experiencia desencadenó su conversión?

El documental *Converso*, premiado en múltiples festivales internacionales de cine, recoge las conversaciones del director David Arratibel con su familia. Intrigado por el camino de conversión que descubre en su madre, sus hermanas y su cuñado, Arratibel conecta la cámara y conversa con ellos. Así descubre cómo su hermana María, atea convencida, decide pasar "unos días de paz" en una hospedería religiosa. Sorprendida porque en su habitación no había un crucifijo, compró en la tienda un rosario. El monje le tuvo que explicar "cómo funcionaba"... Sin proponérselo, al llegar a la habitación, empezó a recitar los misterios dolorosos que indicaba el manual. Y así fue como se "encontró" con algo que "no buscaba". Sintió que realmente acompañaba a Jesús.

O la experiencia de su cuñado Raúl, organista de una parroquia, quien, tras su última confesión, relata lo siguiente: "Salí exultante, como volando. Me quité un enorme peso de encima que ni siquiera sabía que tenía, pues soy una persona normal, con mis pequeñas miserias. Pero desde entonces, sentí como un renacer".

Pilar, la madre, cuenta también frente a la cámara de qué manera el camino de conversión de su hija le hace regresar a la fe; y Paula, la hermana pequeña y la más racional de la familia, recuerda el día que entró en casa diciendo: "He comprendido que Dios existe".

Testimonios que el director navarro, agnóstico y practicante de yoga budista, graba desde el respeto y el asombro.

Actores, poetas, novelistas, músicos, filósofos, políticos, etc., se han encontrado con Cristo y se han convertido al catolicismo. Estos son algunos de ellos:

Tony Blair (1950)
Primer ministro del Reino Unido de 1997 a 2007, fue el primer ministro más joven desde 1812.

Edith Stein *(Santa Teresa Benedicta de la Cruz)* **(1891-1942)**
Filósofa judía alemana y monja carmelita descalza. Murió en Auschwitz. Fue canonizada por san Juan Pablo II en 1998.

John R. R. Tolkien (1892-1973)
Profesor y escritor británico. Autor, entre otras obras, de *El señor de los anillos* y *El hobbit*.

[APLICAMOS]

Planificad y grabad. **Según el director David Arratibel, se puede hacer cine con tan solo un móvil. Recread un testimonio de conversión y grabadlo. Recordad que el testigo ha de responder a estas preguntas:**

- ¿Cuáles eran su situación vital y sus sentimientos antes de la conversión?
- ¿Qué acontecimiento (exterior o interior) actuó como desencadenante de su conversión?
- ¿En qué cambió su vida después de la conversión?

Compartid el vídeo con el resto de la clase y debatid sobre la conversión.

EN LA BIBLIA

Encuentro transformador

Los evangelios narran muchos encuentros que cambian vidas. Son diálogos entre Jesús y personas de toda condición que, después de esta experiencia, lo dejan todo para anunciar lo que han descubierto con él.
El diálogo de Jesús con la mujer samaritana es uno de ellos.

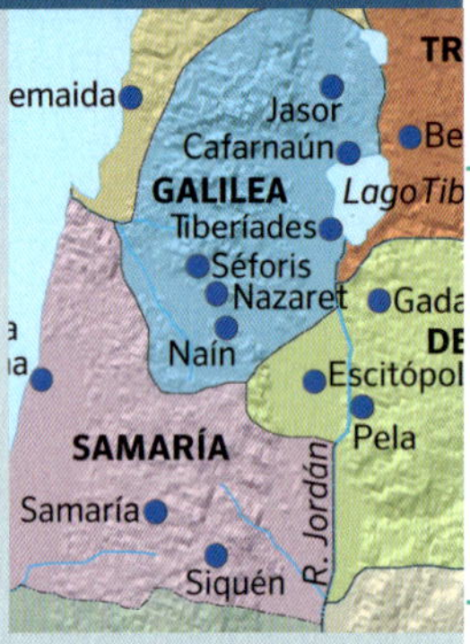

1 Samaría

Fue la capital del Reino de Israel, desde el 931 hasta el 722 a. C., agrupaba el territorio de las 10 tribus del norte (1 Re 12). Tuvo como rey a Jeroboán, uno de los hijos de Salomón. Jeroboán construyó un santuario en Betel (Gn 28) para no tener que peregrinar a Jerusalén. Betel significa "casa de Dios" y es el lugar donde Jacob recibió la promesa de la tierra de Canaán por parte de Dios. Fue un lugar sagrado en la época de los jueces, quienes subían allí a "consultar a Yahvé" (Jue 20,18). En el año 722 la población fue deportada a Babilonia y sustituida por colonos asirios que daban culto a Yahvé y a otros dioses

2 Pozo

Los pozos son de mucha importancia en Palestina, una zona pobre en agua. Sacar agua del pozo era tarea de las mujeres. Era el lugar de encuentro entre hombres y mujeres, en el pozo se podía encontrar esposa: Isaac (hijo de Abrahán) conoció a Rebeca (*cf.* Gn 24) y Jacob a Raquel (*cf.* Gn 29,8-10).

3 La samaritana

En tiempos de Jesús se mantenía la enemistad recíproca entre judíos y samaritanos. Jesús inicia el diálogo pidiendo agua a la mujer. La mujer enseguida se da cuenta de la situación: Jesús es judío, por eso su petición le sorprende.

4 Agua viva

El agua va a ser metáfora de la fe. Jesús quiere dar un agua que sacia, la mujer tarda en darse cuenta del cambio, ya no hablan del agua del pozo. Jesús va a revelar a la mujer una verdad profunda de sí mismo ("si conocieras [...] quién te pide de beber").

JUAN 4,4-30.39-42

Jesús y la samaritana

Era necesario que Jesús pasara a través de
1 *Samaría. Llegó Jesús a una ciudad de Samaría*
llamada Sicar, cerca del campo que dio Jacob
a su hijo José; allí estaba el pozo de Jacob.
Jesús, cansado del camino, estaba allí
2 *sentado junto al pozo. Era hacia la hora sexta.*
Llega una mujer de Samaría a sacar agua, y
Jesús le dice:
—Dame de beber.
Sus discípulos se habían ido al pueblo a
3 *comprar comida. La samaritana le dice:*
—¿Cómo tú, siendo judío, me pides de beber a
mí, que soy samaritana? (porque los judíos no
se tratan con los samaritanos).
Jesús le contestó:
Si conocieras el don de Dios y quién es el que
te dice "dame de beber", le pedirías tú, y él te
4 *daría agua viva.*
La mujer le dice:
—Señor, si no tienes cubo, y el pozo es hondo,
¿de dónde sacas el agua viva?; ¿eres tú más que
nuestro padre Jacob, que nos dio este pozo, y
de él bebieron él y sus hijos y sus ganados?
Jesús le contestó:
—El que bebe de esta agua vuelve a tener sed;
pero el que beba del agua que yo le daré
nunca más tendrá sed: el agua que yo le daré
se convertirá dentro de él en un surtidor de
agua que salta hasta la vida eterna.
La mujer le dice:
—Señor, dame esa agua: así no tendré más
sed, ni tendré que venir aquí a sacarla.
Él le dice:
—Anda, llama a tu marido y vuelve.
La mujer le contesta:
—No tengo marido.
Jesús le dice:
—Tienes razón, que no tienes marido: has
tenido ya cinco, y el de ahora no es tu marido.
En eso has dicho la verdad.
La mujer le dice:
—Señor, veo que tú eres un profeta. Nuestros
5 *padres dieron culto en este monte, y vosotros*
decís que el sitio donde se debe dar culto está
en Jerusalén.

Cascadas en las Cuevas del Becerro, Málaga

Jesús le dice:
—Créeme, mujer: se acerca la hora en que ni en este monte ni en Jerusalén adoraréis al padre. Vosotros adoráis a uno que no conocéis; nosotros adoramos a uno que conocemos, porque la salvación viene de los judíos. Pero se acerca la hora, ya está aquí, en que los verdaderos adoradores adorarán al padre en espíritu y verdad, porque el padre desea que lo adoren así. Dios es espíritu, y los que lo adoran deben hacerlo en espíritu y verdad.
La mujer le dice:
—Sé que va a venir el Mesías, el Cristo; cuando venga, él nos lo dirá todo.
Jesús le dice:
6 *—Soy yo, el que habla contigo.*
En esto llegaron sus discípulos y se extrañaban de que estuviera hablando con una mujer, aunque ninguno le dijo: "¿Qué le preguntas o de qué le hablas?". La mujer entonces
7 *dejó su cántaro, se fue al pueblo y dijo a la gente:*
—Venid a ver un hombre que me ha dicho todo lo que he hecho; ¿será este el Mesías?
Salieron del pueblo y se pusieron en camino adonde estaba él.
En aquel pueblo muchos samaritanos creyeron en él por el testimonio que había dado la mujer: "Me ha dicho todo lo que he hecho". Así, cuando llegaron a verlo los samaritanos, le rogaban que se quedara con ellos. Y se quedó allí dos días. Todavía creyeron muchos más por su predicación, y decían a la mujer:
—Ya no creemos por lo que tú dices; nosotros mismos lo hemos oído y sabemos que él es de verdad el Salvador del mundo.

5 En este monte

Cuando los judíos volvían de su destierro, los samaritanos pretendieron ayudar en la construcción del Templo, pero fueron rechazados (Esd 4,2-4), así que construyeron un santuario sobre el monte Garizim. Cuando la mujer se da cuenta, la conversación da un salto hacia dónde hay que dar culto a Dios: ¿en el monte Garizim o en Jerusalén? La mujer está preguntando a Jesús quién tiene razón, los judíos o los samaritanos. Jesús habla de un culto diferente que ya no será en ningún lugar sino en el interior de cada ser humano: en "espíritu y en verdad".

Julio Romero de Torres, *Samaritana*. Museo Romero de Torres, Córdoba.

6 Soy yo

La mujer sabe que el Mesías, o Cristo (en lengua griega), dirá lo que es correcto. Y lo que Jesús revela inmediatamente empieza con "soy yo". En el Evangelio según san Juan aparece esta expresión siete veces, la misma que en Éxodo 3 cuando Dios se manifiesta a Moisés en la zarza ardiente y le encomienda la liberación de Israel. De este modo se subraya el mesianismo de Jesús. La samaritana lo entiende y reacciona.

7 Dejó su cántaro

La mujer dejó el cántaro, es decir, lo que estaba haciendo, para ir a contar lo que acababa de entender.
Como Pedro y Andrés dejaron sus redes, como Mateo dejó su puesto de recaudador, la mujer samaritana deja su ocupación para anunciar lo que le había sido revelado: "El Mesías, ese que esperamos, está en nuestro pozo y ha hablado conmigo de un culto que superará nuestras diferencias con los judíos".

[APLICAMOS]

Para reflexionar. **La última parte de esta narración describe lo que pasó con los habitantes del pueblo de Sicar.**

- ¿Quién hace posible que la gente salga del pueblo para encontrarse con Jesús?
- ¿Qué importancia tuvo el papel de la mujer en que los habitantes del pueblo creyeran que Jesús era el Mesías?
- Cuando esta gente llega hasta Jesús, ¿qué le pide?
- El encuentro con Jesús transforma su forma de entender al Mesías. Busca cómo se refieren a él la mujer y la gente; ¿qué diferencia hay?
- ¿Cuál crees que es el motivo por el que se escribe esta historia?

6 Junto a otros

¿Por qué formar parte de un grupo?

Señala las frases con las que estés más de acuerdo y cópialas en tu cuaderno.

- ☐ Formar parte de un grupo está bien, pero no es necesario para ser feliz.
- ☐ Formar parte de un grupo me ayuda a descubrirme a mí mismo.
- ☐ Necesitamos formar parte de algún grupo porque somos seres sociales por naturaleza.
- ☐ Nuestro cerebro y nuestras emociones se desarrollan en relación con los demás.
- ☐ A veces, formar parte de un grupo hace que se consigan menos cosas, porque hay que adaptarse al ritmo de los demás.
- ☐ En los grupos suele haber gente que quiere destacar e imponerse sobre los demás.

Somos seres sociales, sin la ayuda y la presencia de los demás no podríamos vivir ni desarrollarnos como personas. La vocación que se descubre como llamada personal se construye a su vez como respuesta a las necesidades y expectativas de los otros.

YouTube

Es agradable estar con los amigos. Juntos nos divertimos y juntos podemos cambiar el mundo.

PARA EMPEZAR...

Nuestros grupos

Todos, desde que nacemos, pertenecemos a grupos sociales, como la familia, la clase, un equipo deportivo, un grupo de música, una red social o un grupo de fe. Podríamos decir que esto es así porque se hace realidad la frase "sin ti no soy nada". El grupo nos importa y nos define, hasta tal punto que si nos preguntan por nuestra identidad, solemos incluir en la respuesta la pertenencia a colectivos como algo que nos identifica (p. ej., soy español, soy futbolista, soy *youtuber*, etc.).

1 Aquí tienes una lista de colectivos, ponlos en la casilla que corresponda, según consideres que constituyen un grupo o un equipo.

- Alumnos de la misma clase.
- Jugadores de un equipo de baloncesto.
- Seguidores de un grupo de música.
- Tripulación de un avión.
- Miembros de una red social.
- Participantes en un juego de escape.
- Miembros del gobierno de un país.

Grupo	Equipo
....	....

- Completa la lista anterior con los grupos a los que perteneces.
- Indica lo que creas que marca la diferencia entre un grupo y un equipo.

APRENDERÁS...

- Que las personas somos seres sociales responsables de los demás.
- Que el grupo de los discípulos de Jesús comparte con él vida y mensaje, y vive actitudes de servicio y fraternidad.
- Que el cristiano encuentra en Jesús un modelo para discernir y tomar decisiones.

es.smSiloe.com
ME PREGUNTO
¿Cuánto sé?

1 Juntos y responsables

NOS ACTIVAMOS

Piensa y responde. El piloto Carlos Sainz ganó su segundo Dakar en 2018. Con motivo de esta victoria, su hijo, también piloto, hizo pública una carta de admiración hacia su padre.

> Tú y yo sabemos que pocos esperaban volverte a ver celebrando otra victoria, pero los que te conocemos bien sabíamos que no hay reto que te propongas que no puedas conseguir.
> Papá, termino ya, no te preocupes, solo espero haber dejado clara la admiración que tus hijos tenemos por ti como persona y como deportista, pero, sobre todo, quiero decirte que como padre eres un ejemplo del que no paramos de aprender cada día.
> ¡Qué ganas tengo de darte un abrazo!
>
> CARLOS SAINZ jr.

www.e-sm.net/sl361

- ¿A quién le dedicarías tú una carta como la de Carlos Sainz?
- ¿Qué sagas familiares conoces? ¿A qué se dedican?

COMPRENDEMOS

Seres sociales

Todos nacemos y crecemos en un grupo, somos seres sociales. Los primeros grupos sociales que formamos a lo largo de nuestra vida se denominan grupos primarios y son, fundamentalmente, la familia, los compañeros de clase y los amigos. Después van surgiendo los secundarios, que son aquellos que se van creando con las personas con las que se comparten objetivos, intereses y metas comunes, como los equipos deportivos, los grupos de música, las redes sociales, las comunidades de fe, etc.

La pertenencia a un grupo es una necesidad humana fundamental. El sentimiento de inclusión y pertenencia ayuda a desarrollar las propias capacidades y habilidades. El sentimiento de cohesión nos hace sentirnos queridos. En definitiva, la interacción con los demás nos ayuda a construirnos como personas y a ser felices.

En la adolescencia, la pertenencia a grupos es muy importante porque contribuye a la construcción de la identidad y al desarrollo de la autonomía personal.

En numerosas ocasiones, la vida de una persona cambia por completo al entrar a formar parte de un grupo, bien porque descubre una vocación, encuentra a personas con las que se identifica o establece relaciones auténticas y enriquecedoras. En otras ocasiones, cuando en el grupo se buscan intereses particulares, o no se respeta la libertad de la persona, este puede convertirse en una influencia negativa.

Responsables de los demás

Nuestra condición de seres sociales no solo nos vincula con los demás para satisfacer nuestras necesidades, sino que, a su vez, nos responsabiliza del cuidado de los demás.

Filósofos como Emmanuel Levinas y Paul Ricoeur insisten en recordarnos nuestra íntima vinculación con los demás. Según ellos, toda nuestra vida está atravesada por la demanda de cuidado de los demás. Siempre hay alguien que está esperando nuestra ayuda y ante el que no podemos permanecer indiferentes.

Responsabilidad cristiana

El cristiano es consciente de su responsabilidad con los demás y encuentra en Jesús el referente de aquel que sintió como propio todo sufrimiento humano. La compasión y la misericordia son las actitudes cristianas que, siguiendo a Jesús, permiten ponerse en el lugar del otro y, desde el sufrimiento compartido, implicarse en la lucha contra todas las situaciones de injusticia.

La responsabilidad cristiana va más allá de un acto solidario o altruista: en la ayuda a los demás, el cristiano sabe que está "ayudando" a Dios mismo.

> *"Señor, ¿cuándo te vimos con hambre y te alimentamos, o con sed y te dimos de beber?; ¿cuándo te vimos forastero y te hospedamos, o desnudo y te vestimos?; ¿cuándo te vimos enfermo o en la cárcel y fuimos a verte?". Y el Rey les dirá: "En verdad os digo que cada vez que lo hicisteis con uno de estos, mis hermanos más pequeños, conmigo lo hicisteis".*
>
> Mt 25,37-40

El rostro que demanda ayuda

Para Emmanuel Levinas (1906-1995), filósofo judío lituano-francés, ser humano es responder a la demanda del otro que pide mi ayuda:

"El rostro del prójimo significa para mí una responsabilidad que no se puede rechazar y que antecede a todo consentimiento libre, a todo pacto, a todo contrato".

APLICAMOS

1 Reflexiona y comenta. En su *Política*, el filósofo griego Aristóteles afirma que el ser humano es un "animal político".

> El ser humano es por naturaleza sociable porque, aparte de la necesidad de auxilio mutuo, desea la vida social [...] y por la palabra puede expresar, entre otros sentimientos, el bien y el mal, lo justo y lo injusto, sentimientos que construyen la familia y la sociedad.
>
> Aristóteles

- ¿Estás de acuerdo con Aristóteles?
- ¿Hay algún animal de los que viven en grupo que pueda hacer lo que se afirma para el ser humano?

2 Repasa y contesta. Copia la tabla en tu cuaderno y responde verdadero o falso según corresponda.

	V	F
Los grupos primarios son aquellos en los que uno elige estar.		
El sentimiento de inclusión y pertenencia a un grupo ayuda a construirse como persona.		
Buscamos formar parte de un grupo para sentirnos seguros.		
La pertenencia a grupos en la adolescencia tiene una importancia menor.		
La pertenencia a cualquier grupo siempre tiene una influencia positiva en la vida de la persona.		

3 Lee y deduce. La película *Hotel Rwanda* se ambienta en la guerra civil que en 1994 asoló el país centroafricano de Ruanda.

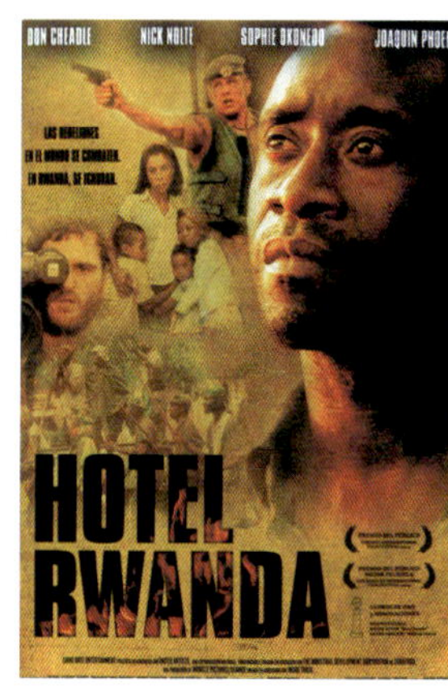

En 1994 hubo un intento de exterminio del pueblo tutsi por parte del gobierno de la etnia hutu. En este contexto, Paul Rusesabagina, hutu casado con una tutsi , trabaja como gerente en el Mille Collines, hotel belga de lujo situado en Kigali, la capital del país. Paul era una persona respetada y con muchos contactos. Ante la locura generada por el odio de los hutus a los tutsis, se compromete a proteger a su mujer, a sus hijos y a los 1200 vecinos tutsis que, atemorizados y amenazados, llegan al hotel pidiendo auxilio y cobijo, mientras las fuerzas internacionales no intervienen ni ofrecen ayuda. Paul, armado de coraje, reacciona, no busca su fácil y posible salvación, será sensible a los que llaman a la puerta del hotel y logrará cobijar y proteger primero, y salvar después, a cientos de personas.

www.e-sm.net/sl366

- ¿Por qué piensas que Paul no buscó solamente su propia salvación y la de su familia?
- ¿Qué opinas de su comportamiento?

2 Jesús se rodea de un grupo

NOS ACTIVAMOS

Leed y decidid. Para el escalador Óscar San Martín, reclutar un buen equipo es fundamental para coronar cualquier cumbre. Lee las claves que, según él, debe poseer un equipo de montaña y contesta a las preguntas en tu cuaderno.

- Debe existir un objetivo y una motivación comunes.
- Es necesario que haya buen ambiente de equipo.
- Cada uno de los miembros ha de estar capacitado física y técnicamente para su papel concreto en la expedición.
- Hay que disponer del material y la información necesarios.
- Es importante mostrarse colaborador y participativo en todas las decisiones.
- Se ha de reforzar siempre la moral del equipo.
- Es imprescindible autoanalizarse en equipo después de cada actividad.

www.e-sm.net/sl363

- ¿Crees que las claves para un equipo de escaladores sirven también para otras actividades? ¿Cuáles?
- I G Individualmente, organizad las recomendaciones de mayor a menor importancia. Luego ponedlas en común. ¿En qué coincidís casi todos?

COMPRENDEMOS

Maestro y discípulos

Los cuatro evangelios cuentan cómo Jesús, desde el principio de su vida pública, llamó a algunas personas para que estuvieran junto a él y vivieran a su lado todo el proceso de predicación a lo largo y ancho de Palestina.

En los evangelios, los que componen este grupo más reducido reciben el nombre de discípulos. El discípulo no se limita a escuchar las enseñanzas del maestro, sino que lo sigue, convive con él y acepta su palabra haciéndola una forma de vida.

Los discípulos constituyen el grupo íntimo de Jesús. Establece con ellos un alto nivel de comunicación, con ellos comparte sus estados de ánimo y su vida interior.

Además de este grupo, más o menos estable, Jesús reunía a muchedumbres en los diferentes lugares que visitaba.

En un momento determinado de su vida pública, Jesús escoge a doce de sus discípulos y les da el calificativo de *apóstoles*, que en griego significa 'enviados'. Son sus colaboradores más cercanos y sobre ellos recae la responsabilidad de dirigir la comunidad de los cristianos tras la muerte de Jesús.

Los seguidores de Jesús, un grupo distinto

En tiempos de Jesús existían también otros maestros que contaban con discípulos. Jesús se diferenció de ellos por varias razones:

- Entre sus seguidores y discípulos hay muchas mujeres, algunas de las cuales, como María Magdalena, lo acompañarán hasta la cruz.
- Jesús pedía a sus seguidores que fuesen más que compañeros; se establece entre ellos una relación intensa, como la de una nueva familia, una auténtica comunidad de hermanos unidos por el amor del Dios Padre de Jesús.

FRAY JUAN SÁNCHEZ COTÁN, *San Pedro y san Pablo. Monasterio de la Cartuja, Granada.*

– La autoridad dentro de ese grupo se ejerce desde el servicio: "El que quiera ser grande entre vosotros sea vuestro servidor" (Mc 10,44).

La "familia de Jesús" está llamada a ampliarse.

Continuadores de la obra de Jesús

El grupo de los discípulos no solo está destinado a vivir una nueva relación de fraternidad en el interior de la comunidad, sino que también debe continuar la obra de Jesús extendiendo el trabajo y la predicación del reino de Dios. Su misión consiste en anunciar a todo el mundo el mensaje de Jesús y la forma de vida a la que llama.

Jesús confía a sus discípulos la misma misión que él desempeñó: que vivan en profundidad el hecho de que Dios Padre nos ama, y que anuncien y lleven a todo el mundo ese amor.

Una nueva familia

Hay determinados grupos que se forman por aficiones compartidas. Lo que une a los discípulos es su especial relación con Jesús. Junto a él buscan cumplir la voluntad de Dios. Así, el grupo de los discípulos se convierte en una comunidad, en una nueva familia, la de los amigos de Jesús. Han recibido el mensaje del padre y se consideran hermanos. Pero no solo viven en el amor, sino que están destinados a "dar frutos", es decir, a comunicar al mundo este mensaje, esta nueva forma de vida.

APLICAMOS

1 **Observa y compara.** El autor de estas viñetas ha querido reflejar el espíritu que se vivía entre los primeros discípulos de Jesús.

- ¿Cuál era el sentimiento común que los unía?
- ¿Con qué se compara el grupo de discípulos?
- Lee Mt 5,13 y Mt 13,13 y encontrarás los textos a los que hacen referencia las viñetas.

2 **Lee y responde.** Jesús llama a los discípulos para estar con él y para enviarlos a predicar el evangelio.

Vosotros sois mis amigos, si hacéis lo que yo os mando. En adelante, ya no os llamaré siervos, porque el siervo no conoce lo que hace su señor.
Desde ahora os llamo amigos, porque os he dado a conocer todo lo que he oído a mi padre.
No me elegisteis vosotros a mí; fui yo quien os elegí a vosotros. Y os he destinado para que vayáis y deis fruto abundante y duradero.
Así, el padre os dará todo lo que le pidáis en mi nombre. Lo que yo os mando es esto: que os améis los unos a los otros.

Jn 15,14-17

- ¿Por qué Jesús los llama "amigos"?

3 Al servicio del reino

NOS ACTIVAMOS

Reflexiona y decide. Con tan solo 15 años, Greta Thunberg se ha convertido en líder mundial contra el cambio climático.

Greta Thunberg, la niña que quiere salvar el clima

Cada mañana, esta muchacha diminuta, con pecas, trenzas y sonrisa esquiva y fugaz, acudía a la puerta del Parlamento sueco, en el centro de Estocolmo, para sentarse en la acera y desplegar su pancarta para protestar contra la inacción frente al calentamiento. Al principio, sus compañeros de clase no secundaron la huelga; pero al final su gesto fue seguido, dentro y fuera de su país, por muchos otros jóvenes del Movimiento por la Justicia Climática.

www.e-sm.net/sl362 (lavanguardia.com 22-12-2018)

- ¿Conoces las reivindicaciones de Greta Thunberg? ¿Estás de acuerdo con ella?
- ¿Estás comprometido con alguna acción en favor del planeta? ¿Te gustaría?

COMPRENDEMOS

Comprometerse con el mundo al estilo de Jesús

Quien descubre a Jesús en su vida y decide seguirle se siente llamado a comprometerse con el mundo. Se identifica con el proyecto del reino de Dios y, como Jesús, contribuye a construir un mundo más justo, más digno y más dichoso para todos, empezando por los más necesitados. El cristiano intenta hacer de este mundo un lugar más humano, tal y como lo quiere Dios. Eso marca su actuar y su forma de vida.

Jesús no propuso un modo estándar de seguirle. La samaritana, Magdalena, Marta, María, Pedro, Zaqueo, Juan… Todos escucharon su llamada y recibieron su amor liberador; sin embargo, cada uno plasmó su respuesta a esa llamada de Jesús de modo distinto y personal.

Jesús tampoco proclamó un código de prácticas y conductas pormenorizadas, sino que anunció la buena nueva de la cercanía del reino de Dios.

El cristiano busca la voluntad de Dios sobre su vida, quiere contribuir con sus capacidades a la construcción del reino de Dios, para ello dispone de las palabras de Jesús en los evangelios, del apoyo de la comunidad, de la fuerza del Espíritu y de las orientaciones del magisterio de la Iglesia. Todo ello, unido a sus circunstancias y situación personal, entra en el proceso de **discernimiento**.

VOCABULARIO

discernimiento: el discernimiento es el juicio por el que percibimos y declaramos la diferencia que existe entre varias cosas.

El acto de discernir es una virtud que permite a la persona valorar si una acción es buena o mala. La palabra *discernir* es sinónimo de *distinguir*, *comprender*, *enjuiciar*.

Discernir desde las bienaventuranzas

La opción fundamental del cristiano consiste en seguir e imitar a Jesús, así como en identificarse con su causa. Así, poco a poco, la escala de valores del cristiano se va asimilando a la de Jesús. De este modo, el cristiano acaba pensando, sintiendo y actuando desde Jesús.

El discernimiento cristiano consiste en distinguir la voluntad de Dios aquí y ahora, en la situación concreta de la vida de cada uno. En el proceso de discernimiento, el cristiano dispone de las *bienaventuranzas*, palabras de Jesús que han adquirido una importancia capital como propuestas de vida cristiana.

En las bienaventuranzas encontramos un resumen de lo que se debe hacer y evitar, de lo que es importante y merece la pena según la predicación de Jesús. Constituyen una gran ayuda para el discernimiento cristiano.

Dichosos los pobres en el espíritu, porque suyo es el reino de los cielos.
Dichosos los que están tristes, porque Dios los consolará.
Dichosos los humildes, porque heredarán la tierra.
Dichosos los que tienen hambre y sed de hacer la voluntad de Dios, porque Dios los saciará.
Dichosos los misericordiosos, porque Dios tendrá misericordia de ellos.
Dichosos los que tienen un corazón limpio, porque ellos verán a Dios.
Dichosos los que construyen la paz, porque Dios los llamará sus hijos.
Dichosos los perseguidos por hacer la voluntad de Dios, porque de ellos es el reino de los cielos.
Dichosos seréis cuando os injurien y os persigan, y digan contra vosotros toda clase de calumnias por causa mía. Alegraos y regocijaos, porque será grande vuestra recompensa en los cielos, pues así persiguieron a los profetas anteriores a vosotros.

Mt 5,3-12

Las bienaventuranzas

Las bienaventuranzas son como el carnet de identidad del cristiano. Así, si alguno de nosotros se plantea la pregunta: "¿Cómo se hace para llegar a ser un buen cristiano?", la respuesta es sencilla: es necesario hacer, cada uno a su modo, lo que dice Jesús en el sermón de las bienaventuranzas. En ellas se dibuja el rostro del Maestro, que estamos llamados a transparentar en lo cotidiano de nuestras vidas.

Papa Francisco, *Gaudete et exsultate* n.º 63

APLICAMOS

1 Lee y contesta. Este caso supone una toma de decisión.

Lucía y el examen del lunes

Lucía se ha tomado muy en serio los estudios este año. Como quiere aprobar todo, se ha comprometido a cumplir un horario diario de estudio. Hoy viernes, tiene que preparar el examen de matemáticas del lunes, porque el fin de semana va con sus padres a visitar a su abuela, que es ya muy mayor, y allí no podrá estudiar. Algunos de su clase la han invitado al cine a ver una película que estrenan y que le apetece mucho ver.

- Indica, de estas posibles decisiones, cuál está más en sintonía con las bienaventuranzas.
  a) Va al cine y convence a sus padres para no ir a visitar a su abuela y poder estudiar.
  b) Va al cine y también a ver a su abuela, pero sacrifica horas de sueño.
  c) El viernes estudia y visita a su abuela.
- ¿Qué consecuencias tiene cada una de las decisiones para Lucía, para sus amigos y para su familia?

2 Discernid. Hacer deporte, sin duda, es sano. ¿Pero es válida la práctica de cualquier deporte?

- Observa las fotografías y completa en tu cuaderno estas frases.
  – De estos deportes, los que...
    a) ayudan en la relación con otras personas son...
    b) aseguran la integridad física de sus practicantes son...
    c) no dañan ni contaminan el medioambiente son...
    d) necesitan poco dinero para su práctica son...

1 Juntos y responsables

Todos formamos parte de una familia. En ella crecemos y de ella recibimos nuestros primeros ejemplos y llamadas.

El inútil de mi familia

Joaquín era mi tío, hermano mayor de mi abuelo paterno. Fue novelista, cuentista, ensayista y periodista. Pero en mi familia había siempre un silencio sobre él. Fue rebelde, solitario, en cierto modo una incomodidad en la historia de la familia.
En mis propios comienzos como escritor medio clandestino (me escondía de la autoridad paterna, que no veía con buenos ojos que me dedicara a semejante actividad), el fantasma de Joaquín flotaba en la familia por el clamoroso silencio sobre él. En aquellos tiempos todavía estaba vivo, pero la familia no lo frecuentaba y ni siquiera lo mencionaba.
Yo solía divisarlo de vez en cuando en alguna librería o caminando por las calles del centro, pero no me atrevía a acercarme a él.
Iba casi siempre solo, con un sombrerito adornado por una pluma verdosa. Su aspecto llamaba la atención. Su forma de comportarse, sus ideas innovadoras y su actitud crítica frente al mundo y a las autoridades le habían granjeado el desprecio del resto de la familia, incluidos mis padres, que lo consideraban una persona poco adecuada para relacionarse con nosotros. Probablemente, si hubiera tenido la oportunidad de tratarlo, mi vida como escritor hubiera sido distinta.

JORGE EDWARDS, *El inútil de la familia*. Alfaguara

1 Lee y reflexiona. Este texto narra una pequeña historia familiar. ¿Crees que en todas las familias hay historias parecidas? ¿Recuerdas alguna de estas historias en tu familia?

- Con el paso de los años uno va conociendo mejor a su familia: primos, tíos, abuelos… ¿Crees que hay algunos elementos comunes a toda la familia? ¿Comparten todos los miembros de la familia las mismas historias?

2 Jesús se rodea de un grupo

Jesús se rodeó de un grupo que lo acompañaba y anunciaba con él la buena noticia. En el grupo había hombres y también mujeres.

Discípulas de Jesús

Las mujeres siguieron a Jesús desde Galilea hasta Jerusalén, y no lo abandonaron ni en el momento de su ejecución. Escuchaban su mensaje, aprendían de él y le seguían de cerca, lo mismo que los discípulos varones.
El hecho es incontestable y, al mismo tiempo, sorprendente, pues, en los años treinta del siglo I, y todavía más tarde, a las mujeres no les estaba permitido estudiar la Ley con un rabí. No solo eso. Viajar por el campo siguiendo a un varón o dormir en un descampado junto a un grupo de hombres eran, probablemente, actividades que causaban escándalo. En Galilea no se había conocido algo parecido. El espectáculo de un grupo de mujeres, en algunos casos sin compañía de sus maridos, algunas de ellas antiguas endemoniadas, siguiendo a un varón célibe que las acepta en su entorno junto a sus discípulos varones no podía sino despertar recelo.
La presencia de las mujeres en el grupo de discípulos no es secundaria o marginal. En muchos aspectos, ellas son modelo del verdadero discipulado y su actuación fue un referente para los varones por su entrega, su actitud de servicio y su fidelidad total a Jesús hasta el final, sin traicionarlo, negarlo ni abandonarlo.
Sin embargo, nunca se llama a estas mujeres "discípulas", por la sencilla razón de que no existía en arameo una

palabra para nombrarlas así. Por eso tampoco los evangelios griegos hablan de discípulas. El fenómeno de unas mujeres integradas en el grupo de discípulos de Jesús era tan nuevo que todavía no existía un lenguaje adecuado para expresarlo. No se las llama discípulas, pero Jesús las ve y las trata como tales.

José Antonio Pagola, *Jesús. Una aproximación histórica* (selección)

1 **Lee y relaciona.** **Todos los teólogos coinciden en señalar que en el grupo de Jesús había "discípulas".**

- ¿Quiénes son hoy las discípulas de Jesús? ¿Qué funciones realizan?
- Lee los textos de Mc 15,40-41, Mt 27,55-56 y Lc 8,1-3. Escribe en tu cuaderno la lista de algunas de las mujeres que seguían a Jesús.

Dos de las primeras discípulas, laVirgen María y María Madalena a los pies de la cruz con san Juan. Detalle del segundo altar de la iglesia Santa María Magdalena en Cala, Huelva.

3 Al servicio del reino

Hay personas que actúan movidas por el espíritu de Jesús. Sus testimonios reflejan la fuerza que guía sus decisiones vitales.

1 **Lee y reflexiona.** **El periodista Francisco Blanco Prieto propone sustituir las bienaventuranzas por malaventuranzas. Para él, las bienaventuranzas son sueños imposibles: la vida demuestra que los perdedores lo serán siempre.**

- ¿Estás de acuerdo con la opinión del periodista?
- ¿Hay razones para creer que las bienaventuranzas llegarán a cumplirse algún día?
- ¿Qué malaventuranzas añadirías tú al listado?

Malaventuranzas

Malaventurados los pobres, porque nada será de ellos en la tierra.
Malaventurados los mansos, porque sufrirán el acoso de los bravos.
Malaventurados los que lloran, porque no serán consolados.
Malaventurados los que tienen sed de justicia, porque nunca serán saciados.
Malaventurados los misericordiosos, porque no recibirán misericordia.
Malaventurados los parados, porque no encontrarán trabajo o justo salario.
Malaventurados los limpios de corazón, porque no verán a Dios.
Malaventurados los injustamente perseguidos, porque serán condenados.
Malaventurados los injuriados, porque su condena será el vilipendio.
Malaventurados los ignorantes, porque no alcanzarán sabiduría.
Malaventurados los explotados, porque no serán libres.
Malaventurados los indigentes, porque vivirán de los contenedores.
Malaventurados los dependientes, porque siempre dependerán de los demás.
Malaventurados los refugiados, porque no encontrarán refugio.
Malaventurados los marginados, porque se les negará el espacio merecido.
Malaventurados los pacifistas, porque nunca lograrán la paz.
Malaventurados los imbéciles, porque nunca dejarán de serlo.
Malaventurados los hipotecados, porque muchos serán desahuciados.
Malaventurados los trabajadores, porque serán explotados.

Resumimos

es.smSiloe.com
RESUMO
Ruleta de palabras

1 Juntos y responsables

- Todos los humanos somos seres sociales que desde el nacimiento pertenecemos a grupos (familia, amigos, equipos deportivos, grupos musicales, etc.).
- Nuestra condición de seres sociales nos hace responsables del cuidado de los demás.
- En la ayuda a los demás, el cristiano sabe que está ayudando a Dios mismo.

2 Jesús se rodea de un grupo

- Jesús se rodea de un grupo de discípulos para compartir su vida y mensaje.
- El grupo de Jesús se diferenciaba por las actitudes de servicio que se vivían en su interior.
- Con el anuncio de la buena noticia, los discípulos incorporan nuevos miembros a la "familia de Jesús".

3 Al servicio del reino

- El cristiano colabora para construir un mundo más justo y humano.
- El cristiano encuentra en Jesús el modelo para discernir sus acciones.
- Las bienaventuranzas dibujan el horizonte de lo que es una vida lograda según el Espíritu de Jesús.

es.smSiloe.com
ME AUTOEVALÚO
¿Qué he aprendido?

La persona humana necesita la vida social. Esta no constituye para ella algo sobreañadido sino una exigencia de su naturaleza. Por el intercambio con otros, la reciprocidad de servicios y el diálogo con sus hermanos, el hombre desarrolla sus capacidades; así responde a su vocación.

CIC n.º 187

Toda la vida de Jesús, su forma de tratar a los pobres, sus gestos, su coherencia, su generosidad cotidiana y sencilla, y finalmente su entrega total, todo es precioso y le habla a la propia vida. Cada vez que uno vuelve a descubrirlo, se convence de que eso mismo es lo que los demás necesitan [...] El evangelio responde a las necesidades más profundas de las personas, porque todos hemos sido creados para lo que el evangelio nos propone: la amistad con Jesús y el amor fraterno.

EG n.º 265

Hoy día, el hábito del discernimiento se ha vuelto particularmente necesario. Porque la vida actual ofrece enormes posibilidades de acción y de distracción, y el mundo las presenta como si fueran todas válidas y buenas. Todos, pero especialmente los jóvenes, están expuestos a un *zapping* constante. Es posible navegar en dos o tres pantallas simultáneamente e interactuar al mismo tiempo en diferentes escenarios virtuales. Sin la sabiduría del discernimiento podemos convertirnos fácilmente en marionetas a merced de las tendencias del momento.

GE n.º 167

EN LA CULTURA

En el año 1978, Gloria Gaynor popularizó la canción *I will survive*, que, desde entonces, es considerada un icono de la música disco. La letra de la canción refleja la fuerza necesaria para perseguir los sueños personales. El grupo español El Sueño de Morfeo tradujo y versionó aquella mítica canción.

- Escucha la canción original (www.e-sm.net/sl364) y la versión (www.e-sm.net/sl365). ¿Cuál te gusta más?
- ¿Qué transmite esta canción sobre la vocación?
- ¿Cuál es el "destino" de la persona según la canción?
- Escoge la frase con la que más te identifiques y explica por qué.

Tómate la vida (Voy a vivir)

Soy solo una pieza de esta sociedad,
cumplo con normas que el instinto me hace cuestionar,
y luego miro a los demás y empiezo a ver la luz brillar.
Quiero cambiar, es hora ya de despertar.

Quiero vivir, quiero sentir.
Saborear cada segundo, compartirlo y ser feliz.
Hay tantas cosas que aprender,
tanto nuevo por llegar.
La vida siempre suma y sigue,
lo que tienes es lo que das.

Créeme, voy a vivir, cada segundo,
mientras pueda estar aquí.
Ya comprendí que mi destino es elegir,
no tengo miedo, he decidido ser feliz.

Voy a vivir, mientras me quede un poco de aire,
no voy a abandonar.
Tengo tanto que ganar, tengo ganas de crecer.
Voy a vivir, voy a vivir.

Asumí que renunciar, no es más que escoger,
equivocarme es una buena forma de aprender.
Que si sigo al corazón no tengo nada que perder,
y a cada paso, surge otra oportunidad.

Y ahora ya ves, no soy quien fui,
aquella triste y temerosa persona de ayer,
he renacido para todo, tengo ganas de vivir,
ahora guardo mi energía para aquel que crea en mí.

No perderé ni un día más en lamentarme,
o en sentarme a descansar,

y cada paso me permitirá avanzar
hacia el futuro, con confianza y libertad.

Voy a vivir.

Créeme, voy a vivir. Saborear cada segundo,
compartirlo y ser feliz.
Hay tantas cosas que aprender, tanto nuevo por llegar.
Lo que recibes es lo que das.

Voy a vivir, voy a vivir.

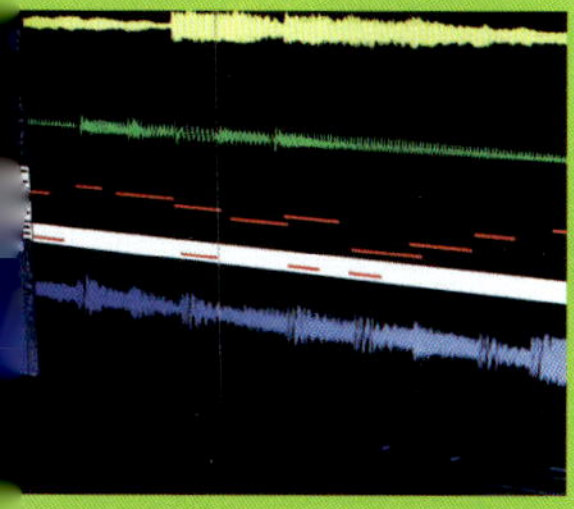

[APLICAMOS]

Ⓖ **Inspiraos y componed.** Dividid la clase en grupos en función de los gustos musicales (rap, *rock*, *indie*, pop, etc.) y componed una canción que comience por "Voy a vivir…". Si os animáis, podéis grabarla. Podéis utilizar programas gratuitos como GarageBand (Apple), Audacity (Windows) o Ardour (Linux).

Incorporarse al reino

Jesús viene a buscar y salvar a los que están perdidos, apartados; él desea que todos se unan al reino. En sus encuentros, ofrece a las personas un modo de incorporarse a la dinámica del reino. Jesús no propuso un modo igual para todos de seguirle.

LUCAS 19,1-10

Zaqueo

Entró Jesús en Jericó e iba atravesando la
ciudad. En esto, un hombre llamado Zaqueo,
1 *jefe de publicanos y rico, trataba de ver quién*
era Jesús, pero no lo lograba a causa del
gentío, porque era pequeño de estatura.
Corriendo más adelante, se subió a un
sicomoro para verlo, porque tenía que pasar
por allí. Jesús, al llegar a aquel sitio, levantó
los ojos y le dijo:
—Zaqueo, date prisa y baja, porque es
necesario que hoy me quede en tu casa.
Él se dio prisa en bajar y lo recibió muy
contento.
Al ver esto, todos murmuraban, diciendo:
2 *—Ha entrado a hospedarse en casa de un*
pecador.
Pero Zaqueo, de pie, dijo al Señor:
—Mira, Señor, la mitad de mis bienes se la doy
3 *a los pobres; y, si he defraudado a alguno, le*
restituyo cuatro veces más.
Jesús le dijo:
4 *—Hoy ha sido la salvación de esta casa, pues*
5 *también este es hijo de Abrahán. Porque el*
6 *Hijo del hombre ha venido a buscar y a salvar*
lo que estaba perdido.

1 Publicanos

Los publicanos eran los recaudadores de impuestos. Roma calculaba los impuestos que se podían cobrar en un distrito o una zona y arrendaba o licitaba esa cantidad a algunos judíos importantes. El que conseguía quedarse con el arriendo o la licitación procedía a cobrar los impuestos a la gente. Estos cobradores tenían a su cargo colaboradores. Puede que el apóstol Mateo fuese un publicano, colaborador de un jefe de publicanos. Eran considerados impuros por colaborar con Roma.

2 Hospedarse

La hospitalidad es una virtud muy apreciada entre los nómadas del desierto. Es la acogida que se proporciona a los forasteros y necesitados, dándoles alojamiento y ayuda. En la hospitalidad bíblica el huesped se considera sagrado.

3 Defraudado

Lo que aumentaba la ganancia de los jefes de publicanos era que podían cobrar de más. Su engaño, aprovechándose del apoyo de Roma, era habitual. Por eso solían ser odiados y despreciados por la gente.

4 Salvación

La salvación es un tema muy importante en el Evangelio según san Lucas. Como en otras ocasiones, Jesús es presentado como el que lleva la salvación a las personas; más aún, él mismo es la salvación (por eso a veces se le llama *Salvador*). Pero quizá lo que más sorprende es que esa salvación llegue a casa de alguien considerado un pecador, como el publicano Zaqueo. Eso es lo que no comprenden aquellos que contemplan la escena.

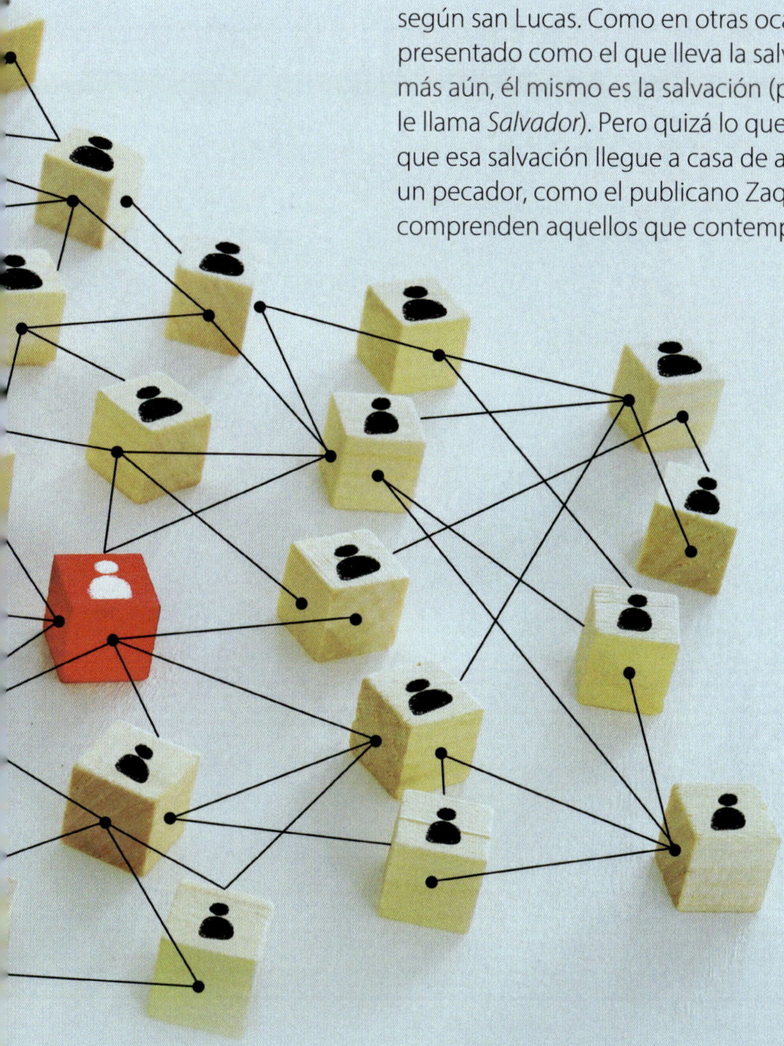

R. Perea, San José, iglesia conventual del Santo Ángel (Convento de los capuchinos), Córdoba.

5 Hijo de Abrahán

Jesús llama a Zaqueo "hijo de Abrahán". Era una manera de declararlo miembro de pleno derecho del pueblo de Israel, ya que los judíos consideraban a Abrahán el padre del pueblo. Pero quizá lo más importante es que Zaqueo puede volver al seno de Israel porque su encuentro con Jesús ha transformado su vida, hasta el punto de dejar de aplicar las prácticas usureras de los publicanos en el cobro de impuestos.

6 Hijo del hombre

"Hijo del hombre" es un título que, en la época de Jesús, se aplicaba a algunas figuras que, según se creía, vendrían al final de los tiempos. Casi siempre se pensaba que se trataba de un personaje glorioso y con poder. Sin embargo, Jesús se la aplica a sí mismo, y normalmente en un contexto de pobreza y debilidad, como en este texto, donde el Hijo del hombre no tiene inconveniente en juntarse con un pecador y entrar en su casa.

[APLICAMOS]

Recuerda e investiga.

- Recuerda casos de personas que cambiaron de vida tras un encuentro con Jesús.
- Investiga algunas grandes historias de conversión, ya sean antiguas, como la de san Agustín, o actuales.

BLOQUE 4

Permanencia de Jesucristo en la historia: la Iglesia

7 La Iglesia, lugar de encuentro

Conocer nuevos amigos

¿En qué lugares, fuera del colegio, puedes encontrar nuevos amigos?

- ☐ En los lugares de vacaciones.
- ☐ A través de otros amigos.
- ☐ Practicando algún deporte colectivo.
- ☐ Integrándome en las actividades de la parroquia.
- ☐ Colaborando con algún grupo de mi entorno.

La comunidad de los discípulos de Jesús, la Iglesia, hace presente a Jesucristo. Celebrar los sacramentos y practicar la caridad son formas de hacer presente a Jesús hoy.

YouTube

¿Dónde dicen los cristianos que está Jesús? ¿En las procesiones y los grandes eventos religiosos que salen en televisión?

PARA EMPEZAR...

Lugar de encuentro

Durante el Renacimiento, los arquitectos consideraban las plazas como el principal organismo urbano, el centro vital de la ciudad, el lugar en el que se producía el encuentro con los demás.

Los mejores sitios para conocer gente son aquellos en los que podemos relacionarnos con personas que comparten intereses semejantes a los nuestros.

En la actualidad, las redes sociales se han convertido en lugares virtuales en los que podemos encontrarnos con los demás, pero hay muchas personas que experimentan dificultades para conocer a personas con las que conversar. Existen numerosas páginas web que dan consejos para hacer nuevos amigos, como estos: apuntarte a un curso de inglés, saludar a tus vecinos, compartir una mascota y sacarla a pasear, viajar solo, practicar voluntariado, etc.

Dialogamos

1 ¿Por qué es tan importante para el ser humano el encuentro con los demás?

2 ¿En dónde se podría producir el encuentro con Jesús?

APRENDERÁS...

- Qué decían de la Iglesia los primeros cristianos y qué significa la expresión *la Iglesia es sacramento de salvación*.
- Que, en la celebración de los sacramentos, la comunidad cristiana actualiza la presencia y el encuentro con Jesús.
- Que el servicio de la caridad es parte integrante del anuncio de la obra salvadora y liberadora de Jesús.

es.smSiloe.com

ME PREGUNTO

¿Cuánto sé?

1 La Iglesia hace presente a Jesús

NOS ACTIVAMOS

Lee y relaciona. Existen servicios que buscan hacernos la vida más agradable; por ejemplo, hay personas que se unen para que otros disfruten.

La cocina tradicional se basa en la calidad y la variedad de las materias primas. Los platos están elaborados con las recetas de sus fundadores, sencillas y sabrosas; así como los postres, que son todos caseros. Pero lo más importante de este establecimiento es la buena acogida que dispensan todas las personas que trabajan en él, debido a su profesionalidad, y que le hace sentirse como en su casa.

Extraído de la web del restaurante Casa Manolo (Madrid)

- ¿Por qué te parece que es importante para un negocio presentar sus productos como auténticos?
- ¿Es importante para los que se acercan a la Iglesia saber que es fiel a la misión que le encargó Jesús?

COMPRENDEMOS

¿Qué decían los primeros cristianos sobre la Iglesia?

Los textos fundamentales sobre la Iglesia en el Nuevo Testamento afirman que:

- La Iglesia es comunión: ya no hay judío ni griego, todos somos llamados a la comunión universal. La fe en Jesús destruye las barreras. La humanidad está rota y el acto de reconciliación definitivo que abre el camino a la reconciliación universal es la muerte de Jesús en la cruz (*cf.* Gal 3,28).
- La Iglesia de Dios es una llamada a todos los hombres y mujeres: es el germen de la humanidad que Dios quiere. La misma palabra *iglesia* significa 'asamblea', 'convocación'.
- La Iglesia es cuerpo de Cristo porque hace a Cristo presente en el mundo con toda su fuerza salvadora. Es también cuerpo de Cristo porque todos sus miembros, en su diversidad, son imprescindibles (*cf.* 1 Cor 12,12-14).

Presencia del Espíritu de Jesús en la Iglesia. Pentecostés

A lo largo de su vida, Jesús anunció a sus discípulos que enviaría al Espíritu para que los acompañara. Los discípulos aprendieron de Jesús que, siendo él Dios, también se relaciona con el Padre y con el Espíritu. Comprendieron que el Dios cristiano es Trinidad. Jesús prometió a sus discípulos que no los abandonaría nunca.

La Iglesia se manifiesta el día de Pentecostés. Eso quiere decir que es obra del Espíritu Santo. Cuando en el Concilio Vaticano II la Iglesia quiso explicar al mundo quién era y cuál era su misión, utilizó una serie de imágenes: la Iglesia es pueblo de Dios, cuerpo de Cristo y templo del Espíritu. Es decir, la Iglesia no puede ser comprendida completamente sin una referencia a las tres personas de la Trinidad. El que la Iglesia esté habitada por el Espíritu Santo tiene las más radicales consecuencias para la vida de la comunidad cristiana. Se trata del mismo Espíritu que movió a Jesús durante toda su existencia.

Imágenes de la Iglesia

- La Iglesia es **pueblo de Dios**, porque es una comunidad o asamblea reunida por él.
- Es **cuerpo de Cristo**, porque el conjunto de los cristianos forma un "cuerpo" que hace visible y presente a Cristo en el mundo.
- **Templo del Espíritu**, porque está animada por el Espíritu enviado por Jesús en Pentecostés.

Concilio Vaticano II

El Concilio Vaticano II fue el acontecimiento más importante de la Iglesia del siglo XX. El papa Juan XXIII convocó a un grupo de padres conciliares, sobre todo obispos y teólogos, quienes durante tres años se esforzaron en discernir lo que el Espíritu de Jesucristo quería para la Iglesia en esta fase de la historia de la humanidad. El Concilio, que se inició en 1962, se clausuraría en 1965 durante el pontificado de Pablo VI.

La Iglesia, sacramento de salvación

En el Concilio Vaticano II, la constitución dogmática *Lumen gentium* da, desde el primer párrafo, una novedosa definición de la Iglesia: "La Iglesia es en Cristo como un sacramento, o sea, signo e instrumento de la unión íntima con Dios y de la unidad de todo el género humano". Desde Pentecostés, la misión de la Iglesia es hacer presente a Cristo en nuestra historia.

- **La Iglesia es misterio.** La Iglesia es un misterio porque en ella se realiza el plan de Dios para la salvación de la humanidad.
- **La Iglesia es comunión.** Ella vive la comunión con Jesús y convoca a la humanidad para que entre en comunión con el Dios Salvador.
- **La Iglesia es misionera.** Ha recibido la misión de llevar la buena noticia del evangelio hacia todas las personas y en todos los tiempos.

La Iglesia es santa y pecadora

La Iglesia suele definirse a sí misma como santa y pecadora a la vez. Santa porque Cristo se entregó a sí mismo a ella y la enriqueció con el don del Espíritu Santo. Pecadora porque sus miembros no son superhéroes, ni una colección de personas escogidas por su pureza o sus cualidades personales; al contrario, todos sus miembros se saben pecadores y necesitados del encuentro con Jesús.

Lumen gentium

Los documentos del Concilio contienen cuatro constituciones, en las que se manifiestan con claridad el fundamento, el ser, la misión y la vida de la Iglesia.

En la constitución dedicada a la Iglesia, *Lumen gentium*, se renovó la cara de la Iglesia hacia sí misma y hacia el mundo.

APLICAMOS

1 Resuelve el siguiente crucigrama.

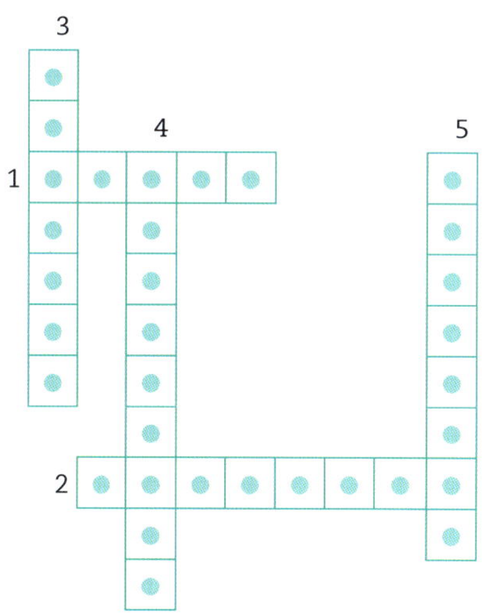

1. Primera palabra de la constitución dogmática del Concilio Vaticano II que define a la Iglesia.
2. La Iglesia se autodefine como santa y a la vez...
3. Palabra que significa 'asamblea' y 'convocación'.
4. Cualidad de la Iglesia.
5. La Iglesia no puede ser entendida sin una referencia a ella.

2 Investigad. En el Catecismo Joven de la Iglesia Católica se dice lo siguiente sobre la Iglesia:

Cuando recibimos los sacramentos y escuchamos la Palabra de Dios, Cristo está en nosotros y nosotros estamos en él: esto es la Iglesia. La estrecha comunión de vida de todos los bautizados con Cristo es descrita en la Sagrada Escritura con una gran riqueza de imágenes. A veces se habla del pueblo de Dios, otras de la esposa de Cristo; unas veces se llama madre a la Iglesia, otras, la familia de Dios, o se la compara con los invitados a una boda. Nunca es la Iglesia una mera institución, nunca solo la "Iglesia oficial", que uno podría rechazar. Nos irritarán las faltas y los defectos que se dan en la Iglesia, pero no nos podemos distanciar nunca de ella, porque Dios ha optado por ella de forma irrevocable y no se aleja de ella a pesar de todos sus pecados. La Iglesia es la presencia de Dios entre nosotros los hombres. Por eso debemos amarla.

Youcat n.º 121

- ¿Qué imágenes de la Iglesia se utilizan? Explicad brevemente cada una.
- ¿Qué pensáis que es la "Iglesia oficial"?
- ¿Expresa este texto que la Iglesia es santa y pecadora? ¿Por qué?

2 Encuentro con Jesús en la comunidad

NOS ACTIVAMOS

Reflexiona. Parece que la Iglesia pierde protagonismo. En algunos ayuntamientos, como el de Getafe, se han comenzado a celebrar "bautizos civiles" para los recién nacidos de la ciudad, ceremonias que se desarrollan en dependencias municipales para dar la bienvenida al nuevo vecino y que luego se acompañan de una comida o merienda festiva familiar.

- ¿Te parece apropiado el nombre de "bautizos civiles"?
- ¿Qué piensas que tienen de parecido y de diferente con los bautizos cristianos?

www.e-sm.net/sl371

Ayuntamiento de Getafe (Madrid)

COMPRENDEMOS

Dios se hace presente en las acciones de Jesús

Para comprender el significado de muchas de las acciones y celebraciones que tienen lugar hoy en la comunidad cristiana, es necesario acudir a las acciones de Jesús.

Las acciones de Jesús revelaban quién y cómo es Dios. En sus acciones y gestos, el ser humano concreto se encontraba con Dios y experimentaba su acción salvadora. Dios, por tanto, estaba presente en esas acciones y gestos que, sin dejar de perder su significado propio, pasaban a convertirse en sacramento, es decir, en signo del Dios que quiere encontrarse, caminar y mostrar su amor generoso y gratuito a todos sin excepción. En algunos momentos de la vida de Jesucristo se manifiestan más explícitamente el amor y la ternura de Dios hacia el ser humano, por ejemplo en los siguientes.

- En el bautismo de Jesús, Dios se manifiesta como padre y establece un vínculo único con su Hijo Amado. Jesús enviará a sus discípulos a bautizar, "nacer de nuevo", para que cada seguidor de Jesús se reconozca a sí mismo y a cada uno de los seres humanos como hijo de Dios y, por tanto, como hermano.
- En Pentecostés, Jesús envió su Espíritu, lo que significa que, porque es Dios, no abandonará nunca al ser humano.
- En la celebración de la Pascua, en la eucaristía, Jesús utilizó el pan y el vino como signos de su presencia permanente en medio de la comunidad, de su amor entregado.
- Como signo del amor de Dios, Jesús perdonó los pecados y dio poder a sus discípulos para buscar a todos los pecadores y liberarlos del pecado.
- Jesús asumió las enfermedades y sufrimientos del ser humano y dio poder a sus discípulos para sanar a los enfermos, como señal del compromiso de Dios con los que sufren.
- Jesús hizo del amor, del amor de los esposos y del cuidado a los desfavorecidos signos del amor de Dios a los seres humanos.
- En el modo de relacionarse con sus apóstoles y discípulos, Jesús nos enseñó que Dios es el que convoca a la comunidad, fundada en el amor y con el encargo de anunciar a todos los seres humanos la permanente novedad del reino de Dios. Envió a sus discípulos a formar comunidades que pudieran edificar la Iglesia.

MASACCIO, *San Pedro bautizando*. Florencia

Los sacramentos actualizan la acción salvadora de Jesús

Dios y el ser humano se encuentran a través de Jesucristo. Todos los sacramentos tienen su origen en las acciones de Jesús que sirvieron para propiciar el encuentro con Dios. La comunidad creyente hace memoria y actualiza las acciones de Jesús en los sacramentos. La Iglesia sigue llamando a las personas al encuentro con Jesús.

Los sacramentos son signos sensibles y eficaces instituidos por Jesucristo para darnos la **gracia**. Son sensibles porque se perciben por los sentidos; son eficaces porque producen lo que significan.

Los sacramentos acompañan al cristiano a lo largo de toda su vida, son maneras de encontrarse con el evangelio y con la persona de Jesús. Los sacramentos son siete:

- **Sacramentos de iniciación.** Bautismo, confirmación y eucaristía. Ponen las bases de la vida de fe, la hacen crecer y desarrollarse adecuadamente, y marcan la iniciación en la comunidad cristiana.
- **Sacramentos de curación.** Reconciliación y unción de enfermos. Aquellos que acompañan a los cristianos en los momentos de caída o de enfermedad. Su función es restaurar en nosotros la gracia de Dios y ayudar a vivir los momentos cruciales de nuestra vida en el mundo.
- **Sacramentos de servicio.** Matrimonio y orden sacerdotal. Son aquellos que se realizan en el momento de comprometerse, ya en la vida de adulto, de una manera definitiva al servicio de la Iglesia y de la sociedad. Confieren a quienes los reciben una misión particular en la Iglesia, y su función es la edificación del pueblo de Dios.

Para comprender y vivir los sacramentos hace falta fe. Sin esa confianza en Jesús y en sus palabras, los sacramentos no tienen sentido. En ese caso se vivirán como una celebración familiar o cultural, pero no como una experiencia creyente.

VOCABULARIO

gracia: regalo de Dios. Quien lo recibe obtiene la fuerza para vivir según el evangelio.

La dispersión de la luz mediante un prisma es una metáfora del amor de Dios, manifestado en la acción de Jesús y proyectado en los distintos momentos de la vida de los creyentes a través de la Iglesia, que actúa de prisma.

APLICAMOS

1 Busca estas citas en el Nuevo Testamento e indica a qué sacramento hacen referencia.

	Sacramento
Mt 3,13-17	••••••••••••••
Mt 26,26-29	••••••••••••••
Sant 5,13-14	••••••••••••••
Lc 7,36-48	••••••••••••••
Hch 14,22	••••••••••••••
Jn 20,21-23	••••••••••••••
Hch 8,15-17	••••••••••••••
Hch 9,5-6	••••••••••••••
Jn 2,1-11	••••••••••••••
Mt 19,4-5	••••••••••••••

- ¿Qué pone de manifiesto que encontremos estas referencias sobre los sacramentos en el Nuevo Testamento?

2 Resuelve este salto de caballo que da una información sobre los sacramentos. Comienza en "To".

		To	en		
		sús	nen		
Je	sia	la	dos	y	tie
I	cra	en	tos	sus	los
		gle	sa		
		men	raiz		

- Escribe en tu cuaderno la afirmación que hace.
- Explica brevemente la información que da sobre Jesús, y la información que aporta sobre la Iglesia.

3 Encuentro en la caridad

NOS ACTIVAMOS

Reflexiona. A través de la publicidad se nos invita a ser solidarios mediante el procedimiento de mandar un SMS a un determinado número asociado, normalmente, a una ONG. Se nos indica el coste de este mensaje corto y a qué proyecto se va a destinar el dinero.

- ¿Te ha llegado alguna vez una invitación así?
- ¿Qué opinión te merece? ¿Es esto solidaridad, es eficaz?
- ¿Qué aspectos positivos y negativos descubres en este procedimiento?

COMPRENDEMOS

La opción preferencial de Jesús

Aunque el mensaje de Jesús es para todos, él atendía prioritariamente a los empobrecidos y marginados de su tiempo.

- **Jesús anuncia la buena noticia a los pobres.** Jesús afirma que el Espíritu del Señor le ha ungido para anunciar a los pobres la buena noticia del reino.
- **Jesús se identifica con los pobres.** Jesús se identifica con los pobres y desfavorecidos de este mundo. Solo así se pueden entender sus palabras: "Lo que hicisteis con uno de estos, mis hermanos más pequeños, conmigo lo hicisteis" (Mt 25,40). Los pobres, los hambrientos, los que carecen de trabajo, los refugiados, los que sufren violencia, los desposeídos…, en suma, los que no pueden tener una vida digna, son el rostro vivo de Jesús.
- **Jesús se hace cercano a los necesitados.** Jesús no es neutral ante las necesidades e injusticias. Siempre está de parte de los que más ayuda necesitan. Él acoge a los débiles, a los sencillos, a los considerados impuros; defiende a los que no tienen posibilidades en la vida y lucha para que tengan una existencia más plena y feliz.

Características del amor cristiano

- El amor no sabe de fronteras y alcanza incluso a los desconocidos (Lc 10,25-37) y a los enemigos (Mt 5,44-45).
- El amor "todo lo espera" (1 Cor 13,7) y por eso las personas crecen cuando se saben amadas.
- El amor "no busca su interés […] ni lleva cuentas del mal" que le hacen (1 Cor 13,5); y tampoco del bien que él hace.

Un mandato para sus discípulos de todos los tiempos

El Evangelio según san Mateo recoge la respuesta de Jesús a la pregunta de un doctor de la Ley: *"Maestro, ¿cuál es el mandamiento principal de la Ley?", respondió: "Amarás al Señor tu Dios con todo tu corazón, con toda tu alma, con toda tu mente. Este mandamiento es el principal y primero. El segundo es semejante a él: amarás a tu prójimo como a ti mismo"* (Mt 22,35-39).

Amar debe ser, por tanto, uno de los signos fundamentales de la identidad de los seguidores de Jesús, dicho por él mismo: *Os doy un mandamiento nuevo: que os améis unos a otros; como yo os he amado. […] En esto conocerán todos que sois discípulos míos* (Jn 13,34-35).

El encuentro con Dios en la ayuda al prójimo

El servicio a los pobres es una expresión irrenunciable de la acción evangelizadora de las comunidades cristianas. La llamada *diaconía* o servicio de la caridad es parte integrante del anuncio de la obra salvadora y liberadora de Jesús. La caridad la ejercen los cristianos de tres modos:

- En sus ambientes, en las relaciones personales (familia, trabajo, barrio, etc.); manteniendo actitudes de servicio y entrega, con sensibilidad especial hacia las personas más necesitadas.

- De manera organizada a través de instituciones como Cáritas o Manos Unidas, o mediante las obras de acción social de las órdenes religiosas.
- Participando junto con personas de buena voluntad en asociaciones que ayudan a mejorar la vida de los desfavorecidos.

El Concilio Vaticano II expone que los cristianos y las instituciones cristianas, para ejercer la caridad con los necesitados, habrán de observar estos principios:

1. Ver en el prójimo la imagen de Dios, según la cual ha sido creado, y a Cristo Señor, a quien en realidad se ofrece lo que al necesitado se da.
2. Respetar con máxima delicadeza la libertad y la dignidad de la persona que recibe el auxilio.
3. No manchar la pureza de intención con cualquier interés de propia utilidad o con el afán de dominar.
4. Cumplir antes que nada las exigencias de la justicia para no dar como ayuda de caridad lo que ya se debe por razón de justicia.
5. Suprimir las causas, y no solo los efectos, de los males.
6. Organizar los auxilios de tal forma que quienes los reciban se vayan liberando progresivamente de la dependencia externa y se vayan bastando por sí mismos.

La ONG católica Manos Unidas afronta pobrezas e injusticias normalmente olvidadas.

APLICAMOS

1 Valora esta experiencia desde los criterios para el ejercicio de la caridad que propone el Concilio Vaticano II.

Agua para Isla Tortuga

Isla Tortuga es uno de los escenarios de la saga cinematográfica *Piratas del Caribe*. Menos conocido es el drama permanente de sus 40 000 habitantes: el difícil acceso al agua potable. Han de recorrer horas a pie para llegar a los escasos puntos en los que, mediante cisternas, pueden obtener algo de agua potable (no hay ríos y las fuentes naturales, además de escasas, están en pésimas condiciones). Tal tarea es encomendada a mujeres y niños, quienes han de afrontar los peligros del recorrido y soportar largas colas para llenar un cubo que luego, claro, habrán de acarrear hasta su casa.

Con el fin de ayudar a la población local, Manos Unidas ha puesto en marcha en Isla Tortuga un proyecto cuya propuesta partió de los propios beneficiarios, que se unieron para formar la Asociación para la Construcción de Cisternas Familiares (ACCF). Desde 1989, ha logrado poner en marcha 744 cisternas de almacenamiento de agua de lluvia. Ahora, han solicitado la ayuda para construir otras 37 con una capacidad de 6500 litros. En todo este proceso ha sido clave el misionero español Antonio López, hermano de La Salle, que ha estado diez años en este rincón de Haití (tras otros 20 años en Nicaragua y 10 más en Cuba).

www.e-sm.net/sl374.

1 La Iglesia hace presente a Jesús

El encuentro con Jesús en la Iglesia es fuente de plenitud y alegría. La alegría verdadera es un reflejo de la presencia del Espíritu.

1 **Lee y aplica.** Con motivo de la XXVII Jornada de la Juventud, el papa Benedicto XVI animaba a los jóvenes a experimentar la alegría del encuentro con Jesús.

Testigos de la alegría

La Iglesia tiene la vocación de llevar la alegría al mundo, una alegría auténtica y duradera, aquella que los ángeles anunciaron a los pastores de Belén en la noche del nacimiento de Jesús (Lc 2,10).
En realidad, todas las alegrías auténticas, ya sean las pequeñas del día a día o las grandes de la vida, tienen su origen en Dios, aunque no lo parezca a primera vista, porque Dios es comunión de amor eterno, es alegría infinita que no se encierra en sí misma, sino que se difunde en aquellos que él ama y que le aman. Este amor infinito de Dios para con cada uno de nosotros se manifiesta de modo pleno en Jesucristo. En él se encuentra la alegría que buscamos.
Queridos amigos, quisiera alentaros a ser misioneros de la alegría. No se puede ser feliz si los demás no lo son. Por ello, hay que compartir la alegría. Id a contar a los demás jóvenes vuestra alegría de haber encontrado aquel tesoro precioso que es Jesús mismo.
Los cristianos son hombres y mujeres verdaderamente felices, porque saben que nunca están solos, sino que siempre están sostenidos por las manos de Dios.

www.e-sm.net/sl376 (texto completo)

- Según el papa, ¿cuál es la misión de la Iglesia?
- ¿Por qué creéis que, algunas veces, se relaciona el cristianismo con la tristeza?
- ¿Conocéis cristianos que expresen la alegría de su fe? ¿Cómo lo hacen?

2 Encuentro con Jesús en la comunidad

En los momentos importantes de la vida, los sacramentos acompañan a los cristianos alimentando y fortaleciendo su fe.

I G 1 **Asocia.** Estas imágenes reflejan distintas edades y momentos de la vida.

A

B

C

D

- Asocia la situación que refleja cada fotografía a uno de los siete sacramentos y explica por qué lo haces.

3 Encuentro en la caridad

Los cristianos se distinguen por la práctica de la caridad, acciones solidarias que manifiestan el amor de Dios por la humanidad.

I G **1** Interpreta esta viñeta de José Luis Cortés.

- Descríbela. ¿De dónde se descuelga la pancarta? ¿Quiénes la observan?
- Relaciónala con el texto de Pablo a los corintios.

Si hablara las lenguas de los hombres y de los ángeles, pero no tengo amor, no sería más que un metal que resuena o un címbalo que aturde. Si tuviera el don de profecía y conociera todos los secretos y todo el saber; si tuviera fe como para mover montañas, pero no tengo amor, no sería nada. Si repartiera todos mis bienes entre los necesitados; si entregara mi cuerpo a las llamas, pero no tengo amor, de nada me serviría.

1 Cor 13,1-3

- Expresad el mensaje que consideráis que transmite esta imagen y dad vuestra opinión.

I G **2** Interpreta estos testimonios de cristianos que ejercen la caridad en la diócesis de Sevilla.

Nada esperan y todo lo entregan

"Ven la cara de Cristo en estas personas". De lo contrario no se comprende. Respuestas no siempre agradecidas, sinsabores y decepciones, historias que hablan de personas rotas, que han tirado definitivamente la toalla… "Este trabajo requiere mucho de ti, y es fácil quemarte si no ves la cara de Dios en las personas a las que atiendes", cuenta Noemí, la responsable de Cáritas. Este componente de fe explica la entrega a esta causa de jóvenes y mayores, hombres y mujeres, estudiantes y jubilados, amas de casa y profesionales de diversas áreas. Son gente sencilla, porque nada esperan y todo lo entregan. Personas unidas por una misma fe, por la creencia de que Dios está en todos y cada uno de esos rostros que dejan de ser anónimos en el mismo instante en que cruzan sus miradas. "Doy gracias a Dios porque mi trabajo está enfocado a servir a los más necesitados, desde lo que Dios me pide y en lo que él necesita de mi", "noto que he estado muy cuidado y conducido a trabajar aquí", "doy gracias a Dios cada vez que entro en Cáritas cada mañana"… Podríamos llenar páginas con los testimonios de todos ellos. Manifestaciones que revelan una vocación cumplida y un sentimiento de profunda gratitud por poder dedicar buena parte de la vida a los demás.

www.e-sm.net/sl373

- ¿Cuál es la razón por la que las personas que protagonizan este texto dedican su vida a los demás?
- ¿Conoces a alguien que dedique su vida a los demás? Cuenta su historia.
- Fíjate en el título del texto y reflexiona sobre lo que expresa. ¿Te parece importante? ¿Por qué?
- Busca ejemplos y testimonios de personas similares.

Resumimos

es.smSiloe.com
RESUMO
Ruleta de palabras

1 La Iglesia hace presente a Jesús

- Pentecostés significa la venida del Espíritu Santo y el nacimiento de la Iglesia.
- Desde Pentecostés la misión de la Iglesia es hacer presente a Cristo en nuestra historia.
- Los documentos del Concilio Vaticano II contienen cuatro constituciones en las que se manifiestan con claridad el fundamento, el ser, la misión y la vida de la Iglesia.

2 Encuentro con Jesús en la comunidad

- Los sacramentos son signos visibles del amor de Dios al ser humano.
- Son siete, fueron instituidos por Cristo, hacen presente a Dios en el mundo y tienen un efecto en la persona que los recibe.
- Los sacramentos acompañan al cristiano a lo largo de toda su vida, son maneras de encontrarse con el evangelio y con la persona de Jesús.

3 Encuentro en la caridad

- Las acciones de Jesús, aunque dirigidas a todos los seres humanos, se centraron en los pobres y los más desfavorecidos de su tiempo.
- A través de la práctica de la caridad, el cristiano también descubre a Jesús. Esta experiencia de la entrega y amor al prójimo transforma la vida de quien la realiza.

es.smSiloe.com
ME AUTOEVALÚO
¿Qué he aprendido?

La Iglesia es sacramento universal de salvación, "el instrumento y el signo de reconciliación y de comunión de toda la humanidad con Dios, así como de la unidad de todo el género humano".

Compendio CIC n.º 152

Los sacramentos son signos eficaces de la gracia, instituidos por Cristo y confiados a la Iglesia, por los cuales nos es dispensada la vida divina. Los ritos visibles bajo los cuales los sacramentos son celebrados significan y realizan las gracias propias de cada sacramento. Dan fruto en quienes los reciben con las disposiciones requeridas.

CIC n.º 1131

Vivir la unidad en la Iglesia y la comunión de la caridad significa no buscar el propio interés, sino compartir los sufrimientos y las alegrías de los hermanos dispuestos a llevar los pesos de los más débiles y pobres. [...] la Iglesia crece solo con el amor que viene del Espíritu Santo. El Señor nos invita a abrirnos a la comunión con él, en los sacramentos, en los carismas y en la caridad, para vivir de manera digna nuestra vocación cristiana.

Papa Francisco. *Audiencia general*, 06-11-2013

EN LA CULTURA

Experiencia, figura, color, poesía, oración

En el libro de oraciones para cristianos *Por ti madrugo*, de José María Avendaño, su autor plasma su experiencia creyente de la permanencia del acompañamiento de Dios declarada en la Palabra, y expresada en una oración hecha de figuras, color y poesía.

- Describe la imagen.
- Lee el texto bíblico, ¿crees que la imagen lo ilustra adecuadamente?, ¿por qué?
- Lee el poema y copia en tu cuaderno las expresiones que te parezcan más bonitas.

Y sabed que yo estoy con vosotros todos los días hasta el fin del mundo
Mt 28,20

La fe cotidiana

Donde los hombres y mujeres
se escuchan, sin divagar,
porque les encanta vivir
y descubrir otros países
en el corazón de sus conciudadanos
como hijos e hijas de un mismo Padre,
Padre nuestro,
huele ya a vida eterna.

Una fe cotidiana que los acompaña
con coraje y valentía,
con resistencia ante la incredulidad,
ante la tentación y la indiferencia.

Una fe cotidiana
donde la imagen de Dios
está en ese hombre
o mujer que se afana
cada jornada a favor
de la vida digna
perforando la realidad
y buscando la causa de tanto dolor,
ahora paseando,
comiendo, trabajando,
en la parroquia, en el obispado,
en la calle, en el silencio
de la contemplación,
en la oración, en la soledad,
o cuando pronunciamos
tu nombre,
en el viento, en la lluvia,
en el frío o en la rama caída
en el parque
con la que juegan esos niños:
en casa o donde mis amigos
adelantando el futuro que llega
en cada instante,
aunque el mañana nadie lo ha visto
pero la esperanza no suena rara,
la bendita y salvadora fe cotidiana
con aroma a hierbabuena.

Una fe cotidiana con fuego
en la mirada
de los "santos y santas del barrio".
¡Bendito seas, Padre,
por el milagro humilde de la fe
sencilla y cotidiana!
Amén.

[APLICAMOS]

No confundas. **Ni la sencillez es simpleza ni la hondura es confusión. José María Avendaño asocia sencillez y hondura mostrando que con el arte es posible comunicar profundas experiencias vitales: amistad, fe, amor, familia…**

– Piensa en una experiencia fuerte que vivas con intensidad.
– Intenta expresarla con frases cortas o partidas para componer un poema.
– Con la técnica que prefieras, pinta unas figuras que ilustren tu poema.

EN LA BIBLIA

Comunidad cristiana

La comunidad cristiana de Roma a la que Pablo se dirige en este texto es un grupo de personas con un elemento en común: la fe en Jesús resucitado. Pablo les escribe recomendaciones para vivir de acuerdo con su fe.

ROMANOS 12,1-8

Cuerpo de Cristo

Os pido, pues, hermanos, por la misericordia
1 *de Dios, que os ofrezcáis como sacrificio*
vivo, santo y agradable a Dios.
2 *Este ha de ser vuestro auténtico culto.*
3 *No os acomodéis a los criterios de este mundo;*
al contrario, transformaos, renovad vuestro
interior, para que podáis descubrir
cuál es la voluntad de Dios, qué es lo bueno,
lo que le agrada, lo perfecto.
Os digo, además, a todos y cada uno
de vosotros, en virtud de la gracia que
Dios me ha confiado, que no os estiméis
más de lo debido; que cada uno se estime
en lo justo, conforme al grado de fe que Dios
le ha concedido. Porque así como en un solo
cuerpo tenemos muchos miembros
y no todos los miembros tienen una misma
función, así también nosotros, aunque
4 *somos muchos, formamos un solo cuerpo*
al quedar unidos a Cristo, y somos miembros
los unos de los otros. Puesto que tenemos
5 *dones diferentes, según la gracia que Dios nos*
ha confiado, el que habla de parte de Dios,
6 *hágalo de acuerdo con la fe; el que sirve,*
entréguese al servicio; el que enseña, a la
enseñanza; el que exhorta, a la exhortación; el
que ayuda, hágalo con generosidad; el que
atiende, con solicitud; el que practica la
misericordia, con alegría.

1 Sacrificio

Hay que entender el papel de los sacrificios en la sociedad grecorromana en la que vivían Pablo y la comunidad a la que envía su carta. Aquella sociedad estaba muy preocupada por el presente. Acudían a diversos dioses o diosas para tener una vida mejor, en un mundo en el que sobrevivir no era tarea fácil ni se entendían muchas de las cosas que pasaban, como las enfermedades o los desastres naturales (la ciencia todavía no era capaz de explicar esos fenómenos).
Los sacrificios eran la forma de tener "contentos" a los dioses para que no se enfadaran y enviaran desgracias.

Templo de Bayón (Camboya). En muchas culturas antiguas se sacrificaban animales para satisfacer a los dioses.

2 Auténtico culto

En este texto Pablo está diciendo que el único sacrificio que Dios quiere es la transformación de los corazones, según los criterios del amor de Dios que Jesús había enseñado: "Amaos unos a otros…" (Jn 13,34-35). Afirma que en esto consiste el auténtico culto a Dios, en cumplir lo que Dios pide a través de Jesús.

3 Los criterios del mundo

Para los autores del Nuevo Testamento, el "mundo", que Dios hizo bueno, lo ha pervertido el ser humano por el pecado y se ha convertido en una fuerza contraria a la voluntad de Dios. Por eso los que siguen a Jesús, en este caso la comunidad cristiana de Roma, tienen por delante una difícil tarea: transformarse a sí mismos y dejar a un lado el modelo de vida del mundo. En la época en que Pablo escribe esta carta, Jesús ya no está físicamente para acompañar a los que le siguen. Les ha dejado el Espíritu Santo. También les ha dejado la comunidad. Para que sepan qué hacer y cómo han de hacerlo, y para que no pierdan la esperanza en que otro mundo es posible.

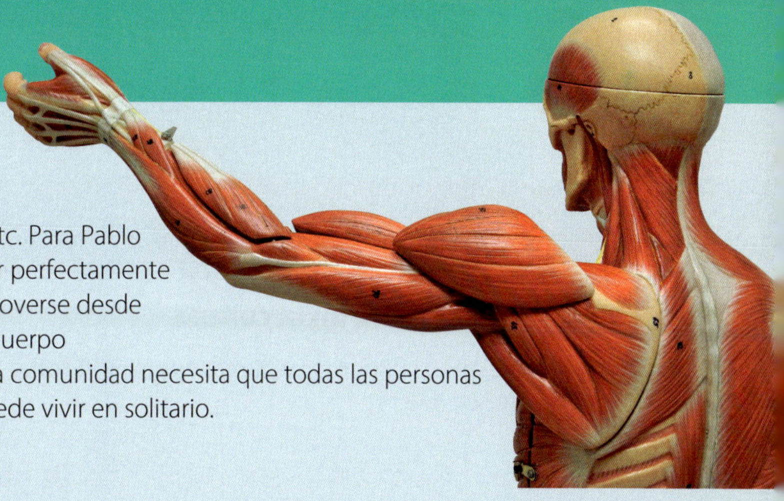

4 Cuerpo

El cuerpo tiene la misión de mantenernos vivos, con todas las posibilidades que eso nos da: comer, movernos, pensar, disfrutar, etc. Para Pablo la comunidad es como el cuerpo humano: como él, esta debe estar perfectamente diseñada para alimentar y ayudar a los cristianos que la forman a moverse desde los criterios de Jesús, así como a mantenerse en ellos. Igual que el cuerpo necesita para sobrevivir sus distintas partes y elementos, también la comunidad necesita que todas las personas que la componen realicen su papel, porque la fe en Jesús no se puede vivir en solitario.

5 Dones diferentes

Los dones de los que habla Pablo son como las tareas que cada uno desarrolla cuando trabaja en grupo. Si queremos que el grupo obtenga un buen resultado con su trabajo, deberemos elegir para cada tarea a la persona que mejores cualidades tenga para desempeñarla.

En la comunidad cristiana, cada uno tiene un papel, un don, algo que se le da bien porque se siente llamado a realizar esa tarea. Lo cual no significa que unos sean mejores que otros: todos son imprescindibles. Por pequeño que sea el don de alguien, si no lo pone en juego, se perderá para la comunidad.

6 Hágalo de acuerdo con…

No se deben aportar los dones a los demás de cualquier modo. El hablar de parte de Dios, el servicio, la enseñanza, la animación, la ayuda, la atención y la misericordia se deben desplegar de acuerdo con el estilo de Jesús: con fe, entrega, generosidad, solicitud y alegría.

[APLICAMOS]

Compara. La película *Campeones* ha tenido un gran éxito por muchos motivos, uno de los más destacados es la valoración del trabajo en equipo que se refleja en el guion, en el conjunto de actores y en la realización material de la película.

- ¿Conoces al grupo que protagoniza la película *Campeones*? ¿Cuál es su objetivo, su misión?
- ¿Vive este grupo su misión fuera de los "criterios de este mundo"? ¿Por qué?
- Cita a algunos de sus componentes y cuenta el don que desarrolla cada uno.
- ¿Viven acuerdo al estilo de Jesús? ¿Por qué?

8 La fe se hace cultura

La presencia de la fe en la cultura

Copia la tabla en tu cuaderno y expresa tu opinión sobre la presencia de la Iglesia en la sociedad.

	TD	MD	A	MA	TA
Sin la Iglesia no existirían los hospitales ni las universidades.					
Sin la religión el mundo sería más alegre.					
Las religiones solo han traído división y guerras.					
Sin el cristianismo no se entendería Europa.					
La religión es una práctica privada, deben prohibirse las manifestaciones públicas.					
Las catedrales son una expresión del poder de la Iglesia, habría que cerrarlas.					

Siglas: TD (Totalmente en desacuerdo) / MD (Muy en desacuerdo) / A (De acuerdo) / MA (Muy de acuerdo) / TA (Totalmente de acuerdo)

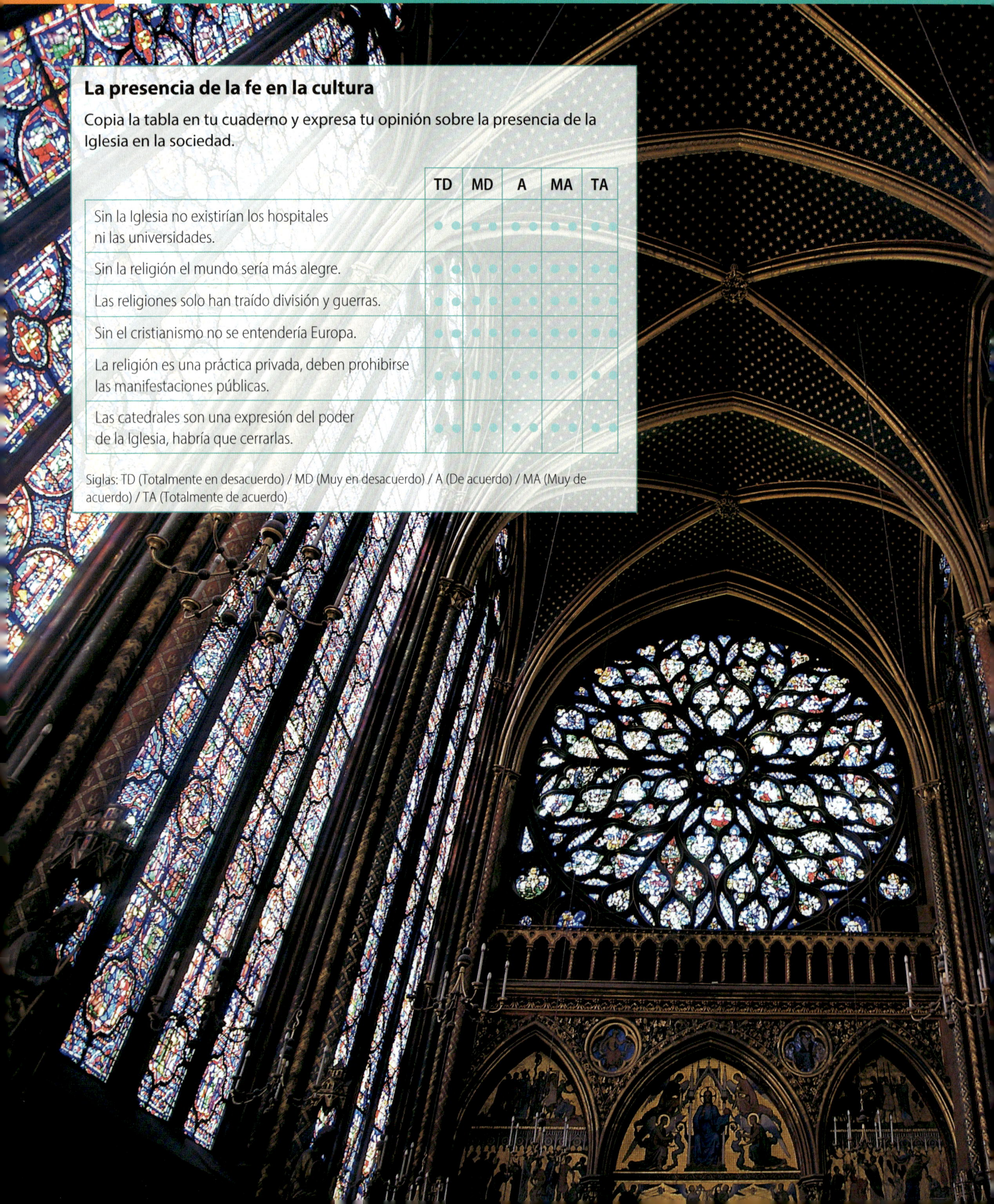

La comunidad de los discípulos de Jesús, la Iglesia, hace presente a Jesucristo. Una presencia que se manifiesta de diferentes maneras, ¿cuáles son?

YouTube

Iglesias, estatuas, nombres de calles, fiestas, ceremonias…, la religión está muy presente en nuestro entorno.

PARA EMPEZAR...

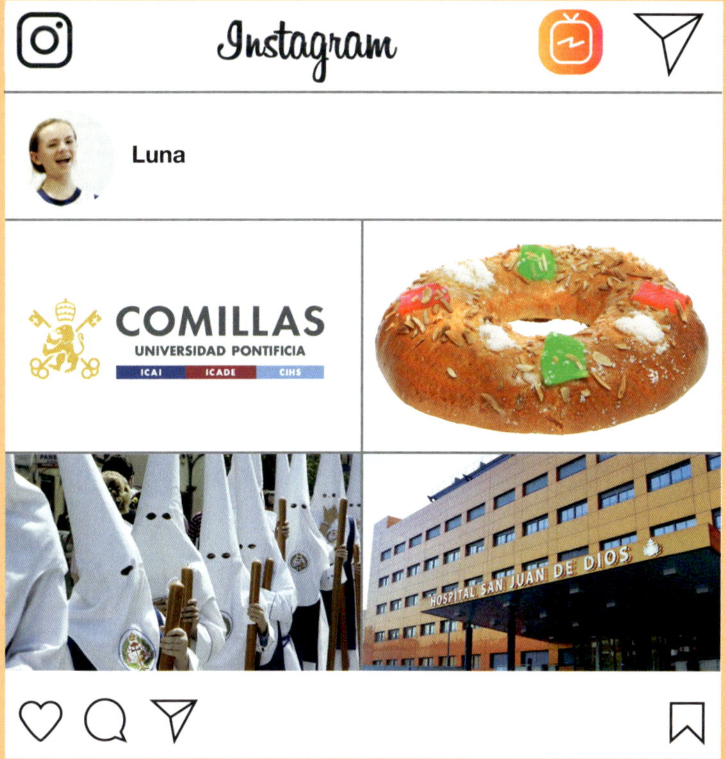

Dialogamos

El cristianismo no se reduce al ámbito privado, hay muchas instituciones y costumbres que tienen su origen en la experiencia creyente que se hace cultura.

1. Explicad el trasfondo religioso que hay tras las imágenes de esta doble página.
2. Haced un listado de las manifestaciones religiosas que se encuentran en vuestro entorno (nombres de calles, fiestas, tradiciones, etc.).

APRENDERÁS...

- Qué entendemos por el término *cultura* y cómo este concepto se relaciona con el de religión.
- Cómo se ha relacionado el cristianismo con las diferentes culturas y cuáles han sido algunas de sus aportaciones.
- Cómo la Iglesia sigue contribuyendo hoy a que exista una cultura del encuentro.
- A identificar en la cultura la riqueza y la belleza que genera la fe.

es.smSiloe.com
ME PREGUNTO
¿Cuánto sé?

1 ¿Qué es la cultura?

NOS ACTIVAMOS

Investigamos. **Se dice que vivimos en una sociedad multicultural, en especial las grandes ciudades son un reflejo de ello. Basta con subir a un transporte público y escuchar diferentes idiomas, ver distintos atuendos y descubrir etnias diferentes.**

- Componed una lista de costumbres que consideréis representativas de la cultura de algún colectivo. Explicad en qué consisten.
- Haced otra lista con costumbres de vuestra propia cultura.

COMPRENDEMOS

La cultura

En el lenguaje utilizamos la palabra cultura en dos sentidos. El primero tiene que ver con el resultado de cultivar las facultades intelectuales y espirituales mediante el estudio, las lecturas, etc. Este uso de la palabra se vincula con el que le dio el pensador latino Cicerón, que empleó la expresión *cultura animi* para referirse de forma metafórica al trabajo de hacer florecer la sabiduría.

El segundo sentido tiene que ver con el significado que otorgan a la palabra las diferentes ciencias sociales. Para ellas, el término *cultura* se refiere a todo cuanto las personas hacen en la sociedad movidas por sus ideas, valores, actitudes y modelos de comportamiento. La cultura no se hereda genéticamente, ni existe por sí misma, pero siempre es compartida por los miembros de una sociedad.

Aspectos esenciales de la cultura

Desde el Concilio Vaticano II, la Iglesia ha dado mucha relevancia al concepto de cultura para poder realizar mejor su tarea de anunciar el mensaje de Jesús. Para saber qué es la cultura, hay que destacar algunos aspectos.

- La cultura muestra las costumbres, las tradiciones y los ritos de una sociedad que se transmiten de generación en generación.
- La cultura se aprende de los demás, interactuando y socializando con otros.
- La cultura está formada por símbolos que son comprendidos por un grupo. La cultura, por consiguiente, es un entrelazamiento de signos (portadores de mensajes y de sus significados) que pueden ser verbales o no verbales (personas, cosas o acontecimientos).
- La cultura se adapta a un ambiente ecológico y natural determinado que condiciona, de alguna manera, las diferencias culturales.
- La cultura se encuentra en todas las sociedades, pero cada cultura posee características propias.
- La cultura no es algo inmóvil, sino que cambia. En las sociedades modernas los cambios se producen muy rápidamente.
- La cultura es una construcción social: los sistemas de creencias, los ideales, los patrones de comportamiento, etc.; pero también es una construcción individual, ya que pueden observarse diferentes grados en los que las personas adoptan las actitudes, los valores, las creencias y los comportamientos.

La cultura según la Unesco

La Unesco es la Organización de las Naciones Unidas para la Educación, la Ciencia y la Cultura. Según este organismo, la cultura puede considerarse actualmente como el conjunto de los rasgos distintivos, espirituales y materiales, intelectuales y afectivos que caracterizan a una sociedad o un grupo social. Ella engloba, además de las artes y las letras, los modos de vida, los derechos fundamentales, los sistemas de valores, las tradiciones y las creencias.

La cultura es la que hace de nosotros seres específicamente humanos, racionales, críticos y éticamente comprometidos. A través de ella discernimos los valores y elegimos opciones. A través de ella el ser humano se expresa, toma conciencia de sí mismo, se reconoce como un proyecto inacabado, pone en cuestión sus propias realizaciones, busca incansablemente nuevas significaciones y crea obras que lo trascienden.

Multiculturalidad e interculturalidad

En nuestras sociedades conviven culturas diferentes. Conviene distinguir entre dos modelos de relación entre las culturas: multiculturalidad e interculturalidad.

El término *multiculturalidad* se refiere a la coexistencia de grupos o individuos pertenecientes a diferentes culturas que viven en la misma sociedad. La multiculturalidad no implica necesariamente integración: puede ocurrir que grupos culturales diferentes estén juntos pero aislados, sin realizar actividades en común ni establecer diálogos enriquecedores.

La interculturalidad se refiere a la interacción mantenida por personas pertenecientes a entornos culturales diferentes. A diferencia de la multiculturalidad, supone un intercambio recíproco entre culturas que puede conducir a la formación y enriquecimiento de todos los implicados. La interculturalidad es la presencia e interacción igualitaria de diversas culturas y la posibilidad de generar expresiones culturales compartidas.

APLICAMOS

1 Consensuad. No todos los elementos de una cultura son positivos para el desarrollo de las personas. Por ejemplo, el machismo y las tradiciones esclavistas son culturas negativas.

- Buscad tres ejemplos de otras culturas que consideréis que sean negativos para las personas.
- Encontrad tres ejemplos de vuestra cultura común que sean cuestionables.

2 Identifica, completando la tabla en tu cuaderno, cuáles de estas actividades fomentan la interculturalidad.

Interculturalidad	Sí	No
Visitar una exposición de arte o un museo dedicado a otras culturas.	••	••
Visitar un lugar de oración diferente al tuyo y participar en la celebración.	••	••
Escuchar siempre la música que te gusta.	••	••
Invitar a gente de otras culturas a compartir tus costumbres.	••	••
Ir a vivir a un barrio de tu clase social.	••	••
Conocer a fondo las tradiciones y costumbres de tu sociedad.	••	••

3 Reflexiona y contesta.

El patrimonio cultural es la herencia cultural propia del pasado de una comunidad, mantenida hasta la actualidad y transmitida a las generaciones presentes. Desde 1972 la Unesco establece que ciertos lugares o realidades inmateriales tienen un valor universal excepcional y pertenecen al patrimonio cultural común de la humanidad. España posee un patrimonio muy rico y algunas de sus realidades protegidas por la Unesco son las siguientes: las tamborradas y repiques de Semana Santa, las Fallas, la dieta mediterránea, los patios de Córdoba, las ciudades de Jaen: Úbeda y Baeza; el canto de la Sibila de Mallorca, el flamenco, los *castells* o el Consejo de Hombres Buenos de la Huerta de Murcia.

- ¿Conoces más realidades que hayan recibido la calificación de patrimonio de la humanidad?
- ¿Cuáles propondrías tú además a la Unesco?
- ¿Qué te ha sorprendido de la información de esta actividad? ¿Por qué?

Iglesia de Santa María de los Reales Alcázares, Úbeda, Jaén

2 El cristianismo y la cultura

NOS ACTIVAMOS

Reconoce aportaciones que ha hecho el cristianismo en tu entorno. Observa y piensa en fiestas, costumbres e instituciones presentes en tu pueblo o ciudad.

- Nombra al menos tres aportaciones.
- Indica la causa de la creación de cada una de ellas.

Iglesia parroquial San Pedro en Huelva

COMPRENDEMOS

Fe y cultura

La fe y la cultura son realidades de orden distinto, pero entre una y otra existen necesariamente vínculos. Una cultura que permaneciera cerrada a los valores religiosos sería una cultura incompleta e incapaz de responder a la necesidad de sentido último que tiene el ser humano. La fe, por su parte, necesita siempre una cultura para expresarse, porque sin ella permanecería muda. Una de las notas que definen a la Iglesia es que es católica, es decir, universal. La Iglesia anuncia la totalidad de la fe, anuncia un mensaje de salvación y unidad para todos los pueblos y en todos los tiempos. La Iglesia es, por su naturaleza, misionera y evangelizadora.

Para conseguir que el encuentro con el evangelio transforme la cultura, la Iglesia necesita inculturarse, es decir, integrar la experiencia cristiana en la cultura de un pueblo, de tal modo que esta experiencia no solo se exprese en elementos de dicha cultura, sino que se convierta en una fuerza que la anime, oriente y enriquezca.

El cristianismo y el diálogo con las culturas

Durante siglos la fe cristiana ha inspirado en Europa la reflexión de los pensadores, las obras de los escritores, las creaciones de los artistas y las composiciones de los músicos. Además, hay muchas situaciones en las que personas o instituciones de la Iglesia han realizado acciones, nacidas de la fe, que han ido enriqueciendo la cultura. Citamos algunas

- **La universidad.** Durante la Edad Media, la Iglesia impulsó y transmitió la cultura. En la mayoría de los monasterios y catedrales aparecieron escuelas monásticas y catedralicias. Hacia el año 1200 surgieron las primeras universidades: Palencia y Salamanca en España, Bolonia, París y Oxford en el resto de Europa
- **En economía.** La Orden de los Franciscanos, animada por el papado, constituyó entidades benéficas, llamadas montes de piedad, con objeto de ayudar con préstamos sin intereses a la gente necesitada, a diferencia de la práctica habitual de la banca, que prestaba dinero con usura. En el año 1463 se fundó en Orvieto (Italia) un monte de piedad con aprobación papal.
- **En la educación.** En el siglo XVI san José de Calasanz, un sacerdote y pedagogo español, inició, con la fundación de las Escuelas Pías en Roma, la universalización de la enseñanza gratuita y en la lengua propia de cada niño. Santa Juana de Lestonnac fundó la Orden de la Compañía de María en 1607, primera orden religiosa femenina aprobada por la Iglesia al servicio de la educación de la mujer. Gracias al impulso de personas de fe, la educación ha

Evangelio y cultura

El evangelio y, por consiguiente, la evangelización no se identifican ciertamente con la cultura y son independientes con respecto a todas las culturas. Sin embargo, el reino que anuncia el evangelio es vivido por hombres profundamente vinculados a una cultura, y la construcción del reino no puede por menos de tomar los elementos de la cultura y de las culturas humanas. Independientes con respecto a las culturas, evangelio y evangelización no son necesariamente incompatibles con ellas, sino capaces de impregnarlas a todas sin someterse a ninguna.

PABLO VI, EN n.º 20

sido extendida e impulsada por multitud de órdenes religiosas que se han dedicado a ella (salesianos, maristas, jesuitas, marianistas…).

- **En el cuidado a los enfermos.** La Orden Hospitalaria de San Juan de Dios nació en Granada en 1539, después de que su fundador, Juan Ciudad, estableciera allí el primer hospital del mundo dedicado a la atención a enfermos pobres, financiado gracias a limosnas y donaciones. Antes de terminar el siglo XVI ya había 50 centros hospitalarios y de acogida en España e Italia. Hoy son muchas las órdenes que continúan manteniendo los principios de acogida al necesitado y de la ayuda sin contraprestación.
- **En la ayuda a los pobres.** San Vicente de Paúl nació en Dax (Francia) en 1581. Al conocer la miserable situación en que vivían los campesinos de la Francia rural, orienta toda su vida al trabajo con los más pobres. Trabajó primero con campesinos, después con condenados a prisión, enfermos, desamparados, esclavos, mendigos, refugiados de guerra y niños abandonados. Para ello fundó varias congregaciones de religiosos y religiosas que, aún hoy, continúan dedicando su actividad a la atención de los más olvidados.
- **En los derechos humanos.** La Compañía de Jesús es una orden religiosa que, entre sus acciones evangelizadoras, se dedicó a la evangelización de los indígenas guaraníes, un pueblo nómada. Los colonizadores europeos capturaban a miles de indios para venderlos como esclavos. Los jesuitas comprendieron que, para proteger a los indios, había que establecer comunidades separadas de las zonas colonizadas por los europeos. Allí podrían vivir con libertad y dignidad. Los jesuitas servían de maestros y verdaderos padres, visitaban a los enfermos, instruían a los adultos y ayudaron a la autogestión de los indios.

APLICAMOS

1 Asocia en tu cuaderno cada personaje histórico con el elemento cultural que ennobleció.

Personaje	Aportación
Pedro de Mena	Poesía
B. de las Casas	Música
Lope de Vega	Teatro
San Juan de la Cruz	Escultura
Juan del Encina	Derecho internacional

- Elige un personaje y explica lo que aportó y de qué modo lo hizo.

G **2** Identificad estas imágenes y encontrad el trasfondo cristiano que hay en cada una.

- ¿Cuál representa la historia de una región vinculada a su esfuerzo por mantener una identidad cristiana?
- ¿Cuál representa un esfuerzo por intentar poner humanidad en mitad de las guerras asistiendo a los heridos?
- ¿Cuál representa una invitación a hacer un camino de peregrinación hacia lo esencial de la vida?

3 El evangelio y la cultura de hoy

NOS ACTIVAMOS

Reflexiona. Para fomentar su adquisición, algunos productos se fabrican con fecha de caducidad, es lo que se llama obsolescencia programada. Los aparatos no durarán eternamente, sino que se estropearán cuando pase el tiempo determinado por el fabricante.

- ¿Has comprobado con algún electrodoméstico de tu casa esta obsolescencia programada?
- ¿Te parece correcto esto? ¿Qué consecuencias tiene esta práctica?

COMPRENDEMOS

La misión de la Iglesia es cumplir el mandato que Jesús dio a sus discípulos: "Id por todo el mundo y proclamad la buena noticia a toda criatura". La Iglesia siempre ha sido consciente de la importancia de dialogar con la cultura y la sociedad de su tiempo para así cumplir su misión.

En el año 2013 el papa Francisco publicó una exhortación apostólica titulada *Evangelii gaudium*, en la que reflexionaba y orientaba a la comunidad cristiana sobre el anuncio del evangelio en el mundo actual. Analizando el Antiguo y el Nuevo Testamento, hace ver cómo la alegría ha sido siempre el signo de la presencia de Dios en el mundo, y cómo Jesucristo ha traído, con su presencia y el anuncio de su evangelio, la fuente de la alegría al mundo.

En la sociedad actual

No es función de la Iglesia ofrecer un análisis detallado y completo sobre la realidad contemporánea, pero es necesario esclarecer aquello que pueda ser un fruto del reino y también aquello que atenta contra el proyecto de Dios. Se recogen a continuación algunas características del contexto que señaló el papa en su exhortación.

- **Tiempo de avances tecnológicos.** Son muchos los avances que contribuyen al bienestar de la sociedad, como, por ejemplo, en los ámbitos de la salud, la educación y la comunicación.
- **Obsesión por el consumo.** La crisis mundial, que afecta a las finanzas y a la economía, pone de manifiesto los desequilibrios de la sociedad y, sobre todo, la grave carencia de su orientación antropológica, que reduce al ser humano a una sola de sus necesidades: el consumo.
- **Prima la apariencia.** En la cultura predominante, el primer lugar está ocupado por lo exterior, lo inmediato, lo visible, lo rápido, lo superficial, lo provisorio. Lo real cede el lugar a la apariencia.
- **Problemas de la globalización.** Ha significado un acelerado deterioro de las raíces culturales con la invasión de tendencias pertenecientes a otras culturas, económicamente desarrolladas, pero éticamente debilitadas.
- **Cultura del descarte.** Todo entra dentro del juego de la competitividad y de la ley del más fuerte. Como consecuencia de esta situación, grandes masas de la población se ven excluidas y marginadas. Se considera al ser humano en sí mismo como un bien de consumo, que se puede usar y luego tirar.
- **La cuestión ecológica.** Hoy día condicionan nuestra vida y nuestro futuro temas como el cambio climático, la contaminación y los residuos que generamos.

Cómo responder desde el evangelio

El papa Francisco ofrece algunas consideraciones sobre cómo debe actuar la comunidad cristiana y cada persona de fe para anunciar el mensaje evangélico.

- **Tener el evangelio como centro.** El anuncio cristiano ha de concentrarse en lo que es lo más bello, lo más grande, lo más atractivo y, al mismo tiempo, lo más necesario. El evangelio es el mensaje más hermoso que tiene este mundo.
- **Fomentar la cultura del encuentro.** Las instituciones católicas y cada uno de los creyentes han de encontrarse "en salida", es decir, no instalados en sus creencias y convicciones, no rodeados solamente de quienes piensan igual, sino en continua búsqueda del encuentro con el otro.
- **Hacia las periferias.** La salida que Francisco reclama para la Iglesia tiene como destino preferente las periferias. Es decir, el papa propone una salida sin exclusiones, que llegue a las personas más alejadas, a las que aparentemente menos pueden entender el mensaje.
- **Con misericordia y gratuidad.** La Iglesia tiene que ser el lugar donde todo el mundo pueda sentirse acogido, amado, perdonado y alentado a vivir según la vida buena del evangelio.

APLICAMOS

1 Lee este texto del Concilio Vaticano II y contesta a las preguntas en tu cuaderno.

> Una auténtica fe —que nunca es cómoda ni individualista— siempre implica un profundo deseo de cambiar el mundo, de transmitir valores, de dejar algo mejor detrás de nuestro paso por la tierra. Amamos este magnífico planeta donde Dios nos ha puesto, y amamos a la humanidad que lo habita, con todos sus dramas y cansancios, con sus anhelos y esperanzas, con sus valores y fragilidades. La tierra es nuestra casa común y todos somos hermanos. Si bien "el orden justo de la sociedad y del Estado es una tarea principal de la política", la Iglesia "no puede ni debe quedarse al margen en la lucha por la justicia". Todos los cristianos, también los pastores, están llamados a preocuparse por la construcción de un mundo mejor.
>
> EG, 183

- ¿La fe es solo una vivencia interior?
- ¿Según este texto, la Iglesia tiene que estar subordinada al Estado respecto a la lucha por la justicia?

2 Localiza en esta sopa de letras seis palabras que determinan la sociedad actual según lo expresa el papa Francisco en *Evangelii gaudium*.

N	A	S	D	F	C	A	A	C	M	A	E	L
O	L	L	A	M	I	N	O	L	I	S	C	A
I	S	V	E	M	O	N	S	G	L	E	O	U
C	O	I	D	U	S	W	O		O	J	L	R
A	D	C	A	U	P	L	A	S	F	U	O	M
Z	I	E	M	A	O	T	R	I	A	D	G	O
I	M	O	S	N	O	E	L	A	Ñ	O	I	P
L	U	V	C	C	S	R	X	T	L	I	A	M
A	J	E	A	P	A	R	I	E	N	C	I	A
B	T	R	E	M	O	R	T	A	E	A	D	M
O	E	S	M	E	P	L	T	U	B	A	B	K
L	U	M	S	T	O	R	M	E	S	A	U	Z
G	E	L	I	Y	V	L	E	G	N	A	V	E

3 Asocia en tu cuaderno a cada palabra de la actividad anterior...

- Un hecho de la actualidad que demuestre su vigencia.
- Una propuesta para transformar cada uno de los hechos anteriores en una situación más en sintonía con los valores del evangelio.

1 ¿Qué es la cultura?

La diversidad cultural ha llegado para quedarse y demanda su espacio en el mundo globalizado de hoy. Necesitamos darnos cuenta de esto para poder vivir la aventura de la relación con personas de culturas diferentes y aprender de ella.

G **1** **Diferenciar** lo que es asimilación de lo que es integración es muy importante para enfocar la realidad multicultural. Si consultamos en Wikipedia la definición de este concepto, podremos leer lo siguiente:

> **Asimilación cultural** es el proceso de incorporación en una comunidad dominante de un grupo etnocultural de cultura diferente. En este proceso, el grupo que es absorbido pierde por lo general su cultura original de manera parcial o total.

- Recuerda algún caso histórico en el que haya existido asimilación cultural. Cuéntalo.
- ¿La asimilación cultural es el medio adecuado para afrontar la interculturalidad?
  - Contestad desde el punto de vista del grupo de cultura dominante.
  - Contestad después desde la posición del grupo llamado a adaptarse.

2 **Analiza** esta crónica sobre el barrio de Usera (Madrid). En este barrio se celebra, desde hace varios años, el Año Nuevo chino. Comenzó siendo una experiencia local de convivencia de las personas del barrio, ahora es una de las fiestas más concurridas de la ciudad.

Convivencia de dos mundos

El desembarco de asiáticos ha sido masivo en los últimos años. Hace décadas que llegaron las primeras familias chinas a Madrid y eligieron Usera como su nuevo lugar en el mundo. Tras ellos, sus compatriotas arribaban casi por inercia. [...] Julie afirma que la convivencia vecinal es "buena" aunque también deja caer que hay algo de racismo, "pero no mucho". "La mayoría nos llevamos bien, son muy simpáticos, conozco a muchos españoles en este barrio y después de once años ya son amigos, no solo clientes". En Usera, reconoce, "puedes estar como si estuvieras en China, pero para mí lo mejor es mezclar; si queremos vivir aquí para siempre tenemos que aprender la cultura y los idiomas. Estamos en España, no en China, hay que dejar cosas allí y coger nuevas de aquí. Hay gente que no lo hace pero sobre todo por el lenguaje, eso es lo más importante y lo más difícil para muchos de los que vienen. Los jóvenes ya tienen otra mentalidad, aprenden más rápido y son como esponjas". [...] Ahora lo mismo se encuentra un templo budista que el centro de lengua y cultura china Xindongfang. También un bar llamado Puerto de Santa María, que sirve arroz con bogavantes los lunes, y la cervecería Xallas, que prepara codillos y paellas para llevar. Todo muy castizo, como puede apreciarse.

Paco Sánchez Múgica. ctxt.es, 25-01-2017

- ¿Qué resaltarías de esta experiencia?
- ¿Qué diferencia hay entre asimilar a los que vienen de fuera o integrar? ¿Qué crees que se hace en esta experiencia?
- ¿La diversidad cultural es algo nuevo o siempre la ha habido? Piensa en la historia de tu familia o región y en las diferentes culturas que la han impregnado.
- ¿Piensas que el mundo actual demanda personas que sepan reconocerse en sus diferencias y generar valores compartidos? ¿Por qué?

2 El cristianismo y la cultura

Catedral de Jerez de la Frontera

El patrimonio cultural que está al cuidado de la Iglesia supone una fuente de riqueza y un valor para toda la sociedad.

1 Reflexiona. Lee la información de la campaña "Por tantos", que la Iglesia realiza para que en la declaración de Hacienda se marque la casilla de asignación de fondos públicos a instituciones eclesiales.

El patrimonio cultural que está al cuidado de la Iglesia supone una fuente de riqueza y un valor para toda la sociedad. Por ejemplo, el impacto económico de las catedrales en España asciende a 411 140 000 €; de los cuales el 29 % corresponde a alojamiento, 21 % restauración, 19 % transporte, 17 % compras de bienes, 6 % otros gastos, 5 % visitas, 3 % agencias de viajes. Cada visitante de las catedrales ha generado de media una aportación al PIB de 59 €.

www.e-sm.net/sl383

- Según estos datos, ¿es correcto que del dinero recaudado en impuestos se destine lo necesario para mantener el patrimonio de la Iglesia?
- Si el dinero es para mantener un templo que no es patrimonio artístico, ¿tiene sentido esta financiación?

3 El evangelio y la cultura hoy

Desde principios del siglo XX, la Iglesia emplea el método ver-juzgar-actuar para posicionarse ante la realidad según criterios evangélicos.

1 Proponed. Leed la noticia y sobre ella haced lo que se os indica.

La contaminación ya recorta en 20 meses la esperanza de vida de los niños que están naciendo ahora. La contaminación del aire mató a 4,2 millones de personas en 2015, según un estudio. De acuerdo con los datos del *State of Global Air*, en 2017 casi uno de cada diez fallecimientos estuvo relacionado con la contaminación. Ya figura como causa de muerte comparable con el tabaco, por encima de la malaria y de los accidentes de tráfico.

eldiario.es, 04-04-2019

Ver-juzgar-actuar

Ver: se observa la realidad, se toma conciencia de lo que es con realismo: vivencias, causas, consecuencias.

Juzgar: se juzga esta realidad a partir de los criterios de Jesús, se aprecia si están o no en ella los valores del evangelio, se intuye la voluntad de Dios.

Actuar: se determina qué hacer ante la realidad contemplada a partir del ver y del juzgar, con acciones, medios y tiempos concretos de ejecución.

- Leed y seguid los pasos del método de discernimiento ver-juzgar-actuar.
- Proponed acciones que, desde la clave evangélica, los cristianos deben hacer respecto a la noticia.

Resumimos

es.smSiloe.com
RESUMO
Ruleta de palabras

1 ¿Qué es la cultura?

- La cultura es todo cuanto las personas hacen en su sociedad movidas por sus ideas, valores, actitudes y modelos de comportamiento.
- La multiculturalidad se refiere a las culturas que coinciden en la misma sociedad, dialoguen o no.
- La interculturalidad implica la interacción entre culturas.

es.smSiloe.com
ME AUTOEVALÚO
¿Qué he aprendido?

Con la expresión *cultura*, en general, se indica todo aquello con lo que el hombre afina y desarrolla sus innumerables cualidades espirituales y corporales, procura someter al mismo orbe terrestre con su conocimiento y trabajo; hace más humana la vida social, tanto en la familia como en toda la sociedad civil, mediante el progreso de las costumbres e instituciones; finalmente, a través del tiempo, formula, comunica y conserva en sus obras grandes experiencias y aspiraciones, para que sirvan de provecho a muchos; más aún, a todo el género humano.

GS, 53

2 El cristianismo y la cultura

- Para conseguir que el encuentro con el evangelio transforme la cultura, la Iglesia necesita inculturarse.
- A lo largo de la historia se han dado situaciones de "hegemonía cultural" por parte del cristianismo, y otras en las que este ha sido "contracultural".
- Personas o instituciones de la Iglesia han realizado acciones que han enriquecido la cultura.

Más allá de todas las diferencias que caracterizan a los individuos y los pueblos, hay una fundamental dimensión común, ya que las varias culturas no son en realidad sino modos diversos de afrontar el significado de la existencia personal. Precisamente aquí podemos identificar una fuente del respeto que es debido a cada cultura y a cada nación: toda cultura es un esfuerzo de reflexión sobre el misterio del mundo y en particular del hombre: es un modo de expresar la dimensión trascendente de la vida humana. El corazón de cada cultura está constituido por su acercamiento al más grande de los misterios: el misterio de Dios.

Juan Pablo II, *Discurso a la ONU*, Nueva York. 1995

3 El evangelio y la cultura de hoy

- La Iglesia siempre ha dialogado con la cultura y la sociedad de su tiempo para así cumplir su misión.
- En la encíclica *Evangelii gaudium*, el papa Francisco invita a los creyentes a esclarecer aquello que pueda ser un fruto del reino y también aquello que atenta contra el proyecto de Dios.
- En esa encíclica, el papa ofrece algunas consideraciones sobre cómo debe actuar la comunidad cristiana y cada persona de fe para anunciar el mensaje del evangelio.

El Evangelio, y por consiguiente la evangelización, no se identifican ciertamente con la cultura y son independientes con respecto a todas las culturas. Sin embargo, el reino que anuncia el Evangelio es vivido por hombres profundamente vinculados a una cultura, y la construcción del reino no puede por menos de tomar los elementos de la cultura y de las culturas humanas. Independientes con respecto a las culturas, Evangelio y evangelización no son necesariamente incompatibles con ellas, sino capaces de impregnarlas a todas, sin someterse a ninguna.

EN, 20

EN LA CULTURA

Las Edades del Hombre

Las Edades del Hombre es una fundación española con sede en el monasterio de Santa María de Valbuena, en la localidad de San Bernardo (Valladolid). También es el nombre de las exposiciones organizadas por ella desde 1988. Cada exposición tiene un relato que se ilustra con obras de arte que están en las diócesis castellano-leonesas.

- Los objetivos de la fundación son: "Conservar, restaurar, investigar y difundir el patrimonio que tienen las once diócesis católicas en Castilla y León, en orden a la evangelización". El patrimonio diocesano en Castilla y León es numéricamente el más importante de todas las regiones de Europa.
- Se han organizado veinticuatro exposiciones anuales y algunas más de modo excepcional. La mayoría se han celebrado en distintas localidades de Castilla y León, pero también las ha habido en Madrid, Amberes y Nueva York.
- Las cifras de las exposiciones promovidas por Las Edades del Hombre, desde que comenzó su actividad son las siguientes: 32 exposiciones, 4617 obras artísticas presentadas, 4314 días de exposición y 11 171 066 visitantes.

www.e-sm.net/sl384.

- ¿Has visitado alguna exposición de tema religioso? ¿Qué impresión tuviste?
- ¿Has oído hablar de Las Edades del Hombre?

GREGORIO FERNÁNDEZ, *Cristo atado a la columna.* Valladolid

[APLICAMOS]

6 **Diseñad una exposición del estilo de las organizadas por Las Edades del Hombre. Para ello, seguid los siguientes pasos.**

- Pensad en objetos, músicas y documentos que muestren la relación del cristianismo con la cultura, en tradiciones, costumbres, arte, etc.
- Elegid un relato (sobre qué va a ir, el título) que recorra la exposición y le dé unidad.
- Seleccionad lo que se va a exponer.
- Haced una ficha de cada pieza expuesta: qué es y una breve explicación.
- Sopesad la posibilidad de realizarla.

EN LA BIBLIA

El sábado

El calendario que rige en nuestras sociedades contemporáneas se ha ido definiendo a partir de las principales tradiciones religiosas y su influencia en la cultura. Las fiestas más importantes y los días de descanso tienen que ver con las celebraciones y prescripciones, obligaciones y normas que tenían un sentido religioso. ¿Por qué el sábado es el día de descanso para los judíos?

ÉXODO 20,8-11

El sábado

Recuerda el día del sábado para santificarlo.
Durante seis días trabajarás y harás todas
tus tareas, pero el día séptimo es día de descanso,
1 *consagrado al Señor, tu Dios. No harás trabajo*
alguno, ni tú, ni tu hijo, ni tu hija, ni tu esclavo,
ni tu esclava, ni tu ganado, ni el emigrante
2 *que reside en tus ciudades.*
Porque en seis días hizo el Señor el cielo,
3 *la tierra, el mar y lo que hay en ellos;*
y el séptimo día descansó. Por eso bendijo
el Señor el sábado
y lo santificó.

DEUTERONOMIO 5,12-15

El sábado fundamentado en el éxodo

Observa el día del sábado, para santificarlo,
como el Señor, tu Dios, te ha mandado.
Durante seis días trabajarás y harás todas
tus tareas, pero el día séptimo es día de
descanso, consagrado al Señor, tu Dios.
4 *No harás trabajo alguno, ni tú, ni tu hijo,*
ni tu hija, ni tu esclavo, ni tu esclava, ni tu buey,
5 *ni tu asno, ni tu ganado, ni el emigrante que*
reside en tus ciudades, para que descansen,
como tú, tu esclavo y tu esclava. Recuerda que
fuiste esclavo en la tierra de Egipto y que el Señor,
6 *tu Dios, te sacó de allí con mano fuerte y con*
brazo extendido. Por eso te manda el Señor, tu
Dios, guardar el día del sábado.

1 Día séptimo

La semana judía se basa en la mesopotámica: una cuarta parte del mes, tiempo que coincide con el ciclo lunar y consta de siete días. La palabra española *semana* procede del latín *septimana*, donde se puede descubrir el número siete (*sept*). El séptimo día era el último, el que cerraba la semana. Y, para los judíos, ese día era el sábado.

2 El emigrante

Dentro de la minuciosa enumeración de aquellos que no deben trabajar en sábado está el emigrante que reside en las ciudades israelitas. A diferencia de otras culturas de la época, en las que los extranjeros no tenían ningún derecho, en la judía los emigrantes también tenían derecho al descanso sabático.

Dios en la tierra (miniatura)

3 En seis días hizo el Señor

Como se puede apreciar, los dos textos que se citan son muy parecidos (esta técnica se llama doblete). Pero también presentan notables diferencias (sobre todo en la justificación de por qué hay que guardar el sábado). En el del Éxodo lo que se dice es que el ser humano debe imitar a Dios y parecerse a él. Si Dios descansó al final de la semana de la creación (Gn 1,1-2.4), del mismo modo también los israelitas deberían hacer lo mismo en su vida diaria y dedicarle a Dios, con su descanso, el último día de la semana.

4 Descanso

En hebreo, *descansar* se dice *sabbat*, palabra que también se usa para referirse al sábado. Por tanto, el descanso constituye la esencia del sábado. Para Israel, este día tiene como finalidad la recuperación de la vida de la persona tras seis días de trabajo, para que así pueda dar gloria a Dios. La tradición judía acabará especificando los treinta y nueve trabajos o actividades que no se pueden realizar en sábado.

5 Ni tu esclavo ni tu esclava

En el texto del Deuteronomio sobre el sábado se especifica, prolongando la larga lista de aquellos que deben observar el precepto del descanso sabático, que no deben trabajar ni el esclavo ni la esclava, algo que en aquellas sociedades antiguas era inimaginable, ya que los esclavos eran considerados prácticamente como objetos. Ni siquiera los animales domésticos (buey, asno y ganado) deben trabajar en sábado. Es una forma contundente de subrayar que la vida, que es lo que recupera el descanso, tiene que alcanzar a todos, sin excepciones.

Estatua sobre el comercio de esclavos africanos. Stone Town (Zanzíbar - Tanzania).

6 Fuiste esclavo

La esclavitud de los hebreos en Egipto es la justificación que se ofrece en el texto del Deuteronomio para guardar el sábado. Es una razón que pretende hacer recordar a Israel cuáles fueron sus orígenes, para que su comportamiento no sea igual que el que los egipcios tuvieron con los hebreos, que fueron tratados con la dureza que los amos usaban con los esclavos.

Jeroglífico que representa a esclavos. Abu Simbel (Egipto).

APLICAMOS

1+5+1

G **Investigad en la historia de la legislación laboral.**

- ¿Cómo se fue legislando el descanso semanal a lo largo del tiempo?
- ¿Por qué en la tradición cristiana el descanso es el domingo y en la tradición musulmana el viernes?
- En el ámbito escolar, hace algunos años todavía había clase los sábados. Investiga y averigua en qué año se abandonó esta práctica.

Proyecto didáctico
Raquel Alcalde Díaz, José Luis Centeno Puig, Antonio Roura Javier, José Laguna Matute

Autoría
Belén Blanco

Corrección
Ricardo de Pablo

Ilustración
iStock; José Luis Cortés; José María Avendaño; Shutterstock

Fotografía
Quino / Lumen, Walt Disney Pictures, ONG MANOS UNIDAS, Universidad Pontificia Comillas, Pixar animation Studio / Walt Disney Pictures, Walt Disney, Herder Editorial, Archivo PPC, 20th Century Fox / Blue Sky Studios, Morena Films / Movistar / Películas Pendleton, Lucemar, FOX 2000 PICTURES, Alejandro Castellote, Fundación Las Edades del Hombre / Junta de Castilla y León, leonoticias, Zazpi T´erdi / Filmotive; Sonsoles Prada, Javier Calbet, Fidel Puerta, José Luis Cortés, Montse Fontich, Sergio Cuesta, María Pía Hidalgo / Archivo SM; Ricardo Azoury / Keydisc; G. Martínez / CORDON PRESS; EFE; Photodisc; ACI; ALAMY IMAGES;Phovoir; Thinkstock; Ministério do Desenvolvimento Social e Combate Fome; 123RF; Shutterstock; iStock; Getty Images; Rubio / Marca; Age Fotostock; Album; ARCHIVO SM; Oronoz

Diseño y Maquetación
Amparo Hernández

Coordinación técnica y de diseño
Carmen Corrales

Coordinación editorial
José Laguna Matute

Dirección editorial
Pedro Miguel García

Este libro corresponde al Tercer curso de Educación Secundaria y forma parte de los materiales curriculares del proyecto editorial Siloé de Ediciones SM-PPC que ha sido debidamente supervisado y autorizado por la Comisión Episcopal de Enseñanza y Catequesis con fecha 28 de mayo de 2019.

Todas las actividades contenidas en este libro han de ser realizadas en un cuaderno aparte, nunca en el propio libro. Los espacios incluidos son meramente indicativos y su finalidad es puramente didáctica.

Parque Empresarial Prado del Espino
C/ Impresores, 2
28660 Boadilla del Monte (Madrid)
ISBN: 978-84-1318-462-3
Depósito legal: M-2450-2020
Impreso en la UE / Printed in EU